Xing Shu

Das Lebensgeheimnis nach Falun Gong

LUDWIG

Inhalt

Im Falun Gong fließt der Geist – so wie dieses Wasser.

Das Ziel der Falun-Gong-Übungen ist die so genannte Kultivierung des Herzens.

Bei den Übungen ist es wichtig, die Augen stets geschlossen zu halten.

Vorwort

Die wohl am weitesten entwickelte Methode der körperlich-seelisch-geistigen Kultivierung ist Falun Xiu-lian Da-fa. Meister Li Hongzhi entwickelte aus dieser alten Geheimlehre eine Methode, die es allen Menschen ermöglicht, Geist, Körper und Seele enorm weiterzuentwickeln. In früheren Zeiten wurde das Wissen um diese Lehre mündlich, in streng geheimer Überlieferung, weitergegeben. Meister Li Hongzhi entschloss sich jedoch, mit dieser Tradition zu brechen, um möglichst vielen Menschen die Gelegenheit zu geben, sich zu kultivieren. Seit 1992 verbreitet er daher Falun Gong, eine einzigartige Schule, die die Essenz der Lehren des Buddhismus und Taoismus in sich vereint und noch darüber hinausführt.

Wenn der Autor dieses Buches auch nicht allen Ausführungen Meister Lis zustimmt, so befindet er sich doch in völliger Übereinstimmung mit der grundlegenden Lehre des Falun Xiu-lian Da-fa. Meister Li besteht darauf, nur seine Worte gelten zu lassen, wenn man sich als sein Schüler bezeichnen möchte. Das ist natürlich sein gutes Recht. Um jedoch auch denjenigen, die aus unterschiedlichen Gründen nicht Schüler Meister Lis sein können oder wollen, die großen Vorzüge der Kultivierung durch Falun Gong zu ermöglichen, ist dieses Buch verfasst worden. Dabei möchte ich betonen, dass an der Falun-Lehre selbst nichts verändert wurde, keine Lehre anderer Schulen hinzugefügt und der Falun-Weg in seiner Vollständigkeit dargestellt wurde. Eine Ausnahme dazu bildet der Abschnitt, in dem ich über das Einsetzen des Falun berichte und eine Methode vorstelle, das Falun – einen besonderen Energiemechanismus – auch ohne die Initiierung durch einen Meister zu erhalten. Diese Methode ist seit unzähligen Generationen in meiner Familie mündlich überliefert worden.

Ich hoffe, dass ich hiermit dazu beitragen kann, die Lehre des Falun-Weges vielen Menschen zu erschließen und ihnen damit die Selbstkultivierung zu ermöglichen.

Die jahrhundertealte Tradition des Falun Gong vereinigt die Essenzen der Lehren von Taoismus, Buddhismus und Qi Gong.

Eine der Säulen des Falun Gong ist die geistige Weite der Lehre des Taoismus.

Einführung

Dieses Buch ist von einem Kenner der buddhistischen und taoistischen Schulen geschrieben worden, in dessen Familie seit vielen Generationen geheime Lehren überliefert wurden. Es ist notwendig, dies vorauszuschicken, da Falun Gong eine sehr weit entwickelte Kultivierungsmethode ist, die ihre Wurzeln sowohl in buddhistischen als auch taoistischen Lehren hat und in die darüber hinaus auch Wissen aus Praktiken eingeflossen ist, die jahrhundertelang nur mündlich überliefert wurden. Falun Gong ist für den Praktizierenden sehr einfach. Doch das Einfache ist oft schwer. Das Einfache ist dann einfach, wenn sich der Übende mit ganzem Herzen seinem Weg widmet.

Die drei wichtigsten Prinzipien des Falun Gong, die jeder Übende in seine Lehre einbeziehen sollte, sind Wahrhaftigkeit, Mitgefühl und Nachsicht.

Was ist Falun Gong?

Es ist gar nicht so einfach zu sagen, was Falun Gong genau ist. Nun, man könnte sagen: Falun Gong ist die fortschrittlichste Methode der Kultivierung von Körper, Geist und Seele – oder vielmehr der Gesamtheit, die diese drei Aspekte des Menschen darstellen.

Was aber sollen wir genau unter »Kultivierung« verstehen? Kultivieren bedeutet etwas veredeln und pflegen, etwas auf eine höhere Stufe bringen. Im Falun Gong ist es der ganze Mensch, der zu einer höheren Stufe seines Menschseins veredelt werden soll – seine Seele durch die konsequente Kultivierung der drei Prinzipien Wahrhaftigkeit, Mitgefühl und Nachsicht; sein Körper hingegen wird durch die Fünf Kultivierungsübungen perfektioniert.

Falun Gong ist der direkteste der Wege, die zum wahren Menschen führen, dem Menschen, der frei von hinderlichen Eigenschaften wie Krankheit, Boshaftigkeit, Neid und Eigensucht ist, dem Menschen, der geradezu unglaubliche Möglichkeiten in sich trägt, wenn er sich nur von den negativen Energien, die ihn an seiner Entfaltung hindern, befreit.

Die Geschichte des Falun Gong

Im Grunde genommen ist Falun Gong uralt. Die Quellen zumindest, aus denen Falun Gong schöpft, sind mehrere tausend Jahre alt; und die Besonderheiten, die Falun Gong auszeichnen, wurden ebenfalls schon seit unzähligen Generationen in geheimer Überlieferung weitergegeben.

Die geheime Überlieferung ist es jedoch, die es schwierig macht, eine genaue Geschichte des Falun Gong, losgelöst von der Entwicklung des Buddhismus, des Taoismus und des Qi Gong, darzustellen.

Die Geschichte des Falun Gong, wie es heute gelehrt wird und viele Millionen Schüler in China, aber auch im Westen hat, begann eigentlich erst vor einigen Jahren, als Meister Li sich nach reiflicher Überlegung entschied, den Rat seines eigenen Meisters, das Falun nicht weiterzugeben, nicht zu befolgen, um den vielen leidenden und nach Sinn suchenden Menschen unserer Zeit zu ermöglichen, sich auf den Weg zur Vervollkommnung zu machen. Das Verdienst, Falun Gong, wie wir es heute kennen, zu entwickeln und in der Welt zu verbreiten, kommt allein Meister Li Hongzhi zu. Da die Geschichte des Falun Gong auch die Geschichte Meister Lis ist, wollen wir zunächst kurz auf diese eingehen.

Meister Li Hongzhi wurde in den 50er-Jahren (das genaue Geburtsdatum ist aufgrund einer falschen Eintragung während der so genannten Kulturrevolution in China nicht bekannt) in Gongzhuling, einer Kleinstadt in Jilin Sheng, einer Provinz im Nordosten Chinas, die im Norden an Russland und im Süden an Nordkorea grenzt, geboren.

Seine spirituelle Ausbildung erhielt er vor allem von drei Meistern. Bereits in seiner Kindheit wurde er von dem buddhistischen Meister Quanjue unterrichtet, der ihn die Bedeutung von Zhen, Shan und Ren, von Wahrhaftigkeit, Mitgefühl und Nachsicht, und die Wichtigkeit der Kultivierung des Xin-Xing, der geistigen Natur des Menschen, lehrte.

Als Jugendlicher traf er auf seinen zweiten Meister, den Taoisten Baji Zhenren. Bei ihm lernte Li Hongzhi zwei Jahre lang Wushu (die Kampfkünste) und taoistische Kultivierungsübungen.

Als Li Hongzhi das Erwachsenenalter erreichte, begegnete er in den 70er-Jahren seinem dritten Meister, Zhen Daozi, der den Da-dao (den

Falun Gong schöpft aus Quellen, die mehrere tausend Jahre alt sind. Das Wissen um die Lehre war zu keiner Zeit allen Menschen frei zugänglich, sondern wurde in geheimen Überlieferungen weitergegeben.

7

Großen Weg) lehrte. In dieser Zeit war es in China sehr schwierig, alte Lehren zu verbreiten oder auch nur Kultivierungsübungen zu praktizieren, da damals die Kulturrevolution noch im Gange war. Mao Zedong, der Vorsitzende der Kommunistischen Partei, hatte mit der Kulturrevolution das Ziel, alte Bräuche, alte Gewohnheiten und überhaupt die alte Kultur Chinas so weit als möglich auszutilgen. Sehr viel ging während der Kulturrevolution verloren. Li Hongzhi musste also die innere Kultivierung, die ihn sein neuer Meister lehrte, wie auch die Kultivierungsübungen, die er bisher gelernt hatte, im Geheimen üben – was ihn jedoch nicht davon abhielt, seinen Weg zu gehen. Auch bei Meister Zhen Daozi lernte er zwei Jahre lang.

> **Während der so genannten Kulturrevolution war es in China sehr schwierig, die alten Kultivierungsübungen zu praktizieren.**

Bevor sein Meister ihn verließ, stattete er ihn mit einem besonderen Energiemechanismus aus, dem Falun, und belehrte ihn, dass er dieses nicht weitergeben solle. Das Falun war seit jeher von einem Meister kurz vor seinem Tod an seinen fortgeschrittensten Schüler weitergegeben worden. Diese Tradition hatte wichtige Gründe – doch Li Hongzhi hatte ebenso wichtige Gründe, mit dieser Tradition schließlich zu brechen. Davon werden wir später noch berichten.

Li Hongzhi war wie alle Chinesen zum Militärdienst einberufen worden. 1982 war seine Dienstpflicht abgeleistet, und er nahm in Changchun, der Hauptstadt der Provinz Jilin Sheng, nur etwa 50 Kilometer von seinem Geburtsort entfernt, eine zivile Arbeit an. Nun, außerhalb der strengen militärischen Pflichten, konnte Meister Li sich noch intensiver seiner Kultivierung widmen. Bald kamen auch Schüler zu ihm, die von ihm unterrichtet werden wollten.

Meister Li erkannte, wie wichtig es für die Menschen wäre, sich zu kultivieren, aber er sah auch, dass eine wahre Kultivierung von Körper, Seele und Geist nur von wenigen Schulen und auch dann nur von wenigen, besonders begabten Menschen erreicht werden konnte. Um dem Abhilfe zu schaffen, arbeitete er in vielen Jahren einen neuen Kultivierungsweg aus, der auch von normalen Menschen ausgeübt werden konnte.

Meister Li hatte von taoistischen und buddhistischen Meistern gelernt, und er war auch mit dem Falun ausgestattet worden – indem er die Essenz dieser drei wichtigen Aspekte herausarbeitete, entwickelte er

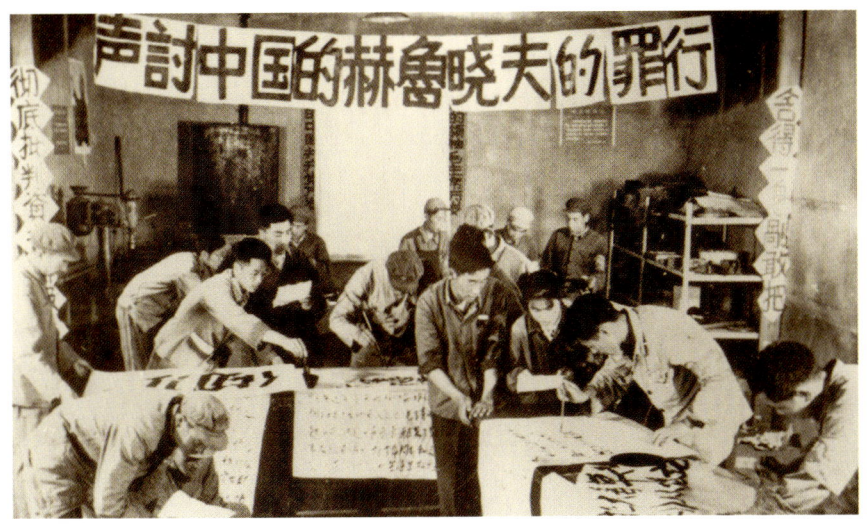

*In der Zeit der Kultur-
revolution wurden
große Teile der alten
chinesischen Kultur
von der Regierung
verboten. Einiges ging
sogar für immer
verloren.*

eine einzigartige Methode: Falun Gong. Dazu war es allerdings nötig, auch seinen Schülern das Falun zu übertragen – was zwar gegen die bisherige Tradition verstieß, aber dafür die hohe Kultivierung vieler Menschen gestattete. Zunächst unterwies er nur wenige Schüler. Als er nach einigen Jahren feststellen konnte, dass diese Schüler in der Tat erstaunliche Fortschritte in ihrer Kultivierung machten, Fortschritte, die sonst frühestens nach zehn Jahren möglich waren, entschloss er sich 1992, Falun Gong in die Öffentlichkeit zu tragen.

Falun Gong verbreitete sich mit einer unglaublichen Geschwindigkeit. Auch die offiziellen Qi-Gong-Institute erkannten die Wirksamkeit von Falun Gong an. Meister Li wurde zu zahlreichen Veranstaltungen in ganz China eingeladen, um Vorträge über Falun Gong zu halten und seine Methode zu unterrichten. Nach kurzer Zeit schon hatte er Hunderttausende von Schülern – selbst in China eine gewaltige Zahl! Schließlich drang der Ruf Meister Lis auch ins Ausland, und er wurde zu Veranstaltungen nach Amerika und Europa eingeladen. Nachdem den Behörden in China die Falun-Gong-Bewegung zu groß wurde, um überschaubar und kontrollierbar zu sein, begannen sie damit, der Verbreitung von Falun Gong in China Steine in den Weg zu legen. Als der politische Druck

**Meister Li Hongzhi
stellte Falun Gong
im Jahre 1992 erst-
mals der Öffentlich-
keit vor. Er stieß mit
seiner Lehre sofort
auf eine sehr große
Resonanz in der
Bevölkerung.**

immer stärker wurde, ließ sich Meister Li in den USA nieder, wo er heute lebt und Falun Gong weiterhin weltweit verbreitet. Mittlerweile gibt es in fast allen Ländern der Welt Falun-Gong-Gruppen, die kostenlos Einführungen und Übungsstunden abhalten. Auch in Deutschland wird heute schon von Tausenden von Menschen Falun Gong praktiziert.

Seit 1999 wird die Falun-Gong-Bewegung in China unterdrückt und verfolgt. Meister Li selber lebt seit einiger Zeit in den USA.

Ein paar Worte zur Verfolgung des Falun Gong in China

Falun Gong ist nicht nur eine ganz erstaunliche Methode, sich körperlich und geistig zu vervollkommnen – es ist die fortgeschrittenste Methode der körperlich-geistigen Kultivierung, die nicht nur einer kleinen Elite, sondern allen Menschen zugänglich ist. Was könnte daran auszusetzen sein? Natürlich müssen nicht alle Menschen Meister Lis Erklärungen verstehen oder annehmen, aber es ist doch verwunderlich, dass es darüber hinaus Menschen gibt, die Falun Gong, das ja ausdrücklich dem körperlichen und geistigen Wohl der Menschen dienen soll, regelrecht anfeinden, ja sogar verfolgen. Mitte 1999 wurde in China die Falun-Gong-Bewegung von der chinesischen Regierung verboten. Die Bücher Meister Lis wurden verbrannt und Schüler inhaftiert. Die Begründungen für dieses Vorgehen: Falun Gong stelle eine Gefahr für die Gesundheit dar, Anhänger würden den Umsturz der Regierung betreiben, und Falun Gong fördere den Aberglauben.

Was ist davon zu halten? Nun, ein »Aberglaube« ist eben immer das, woran man selbst nicht glaubt. Da nicht alle Menschen an dieselben Dinge glauben, gibt es natürlich immer den – oft gegenseitigen – Vorwurf des »Aberglaubens«. Meister Li spricht in seinen Büchern und Vorträgen mitunter von Dingen, die vielen Menschen nicht verständlich sind, und erklärt gleichzeitig, dass ein öffentliches Zurschaustellen dieser Dinge nicht erlaubt und schädlich ist. Warum also darüber sprechen? Leider sind dadurch Missverständnisse entstanden. Einige Ausführungen Meister Lis, die sich auf wissenschaftliche Erkenntnisse beziehen, sind in der Tat nicht haltbar. So schreibt er in seinem Werk »Zhuan Falun« von archäologischen Funden menschlicher Zivilisation, die zwei Millionen Jahre alt seien, von 250 000 Jahre alten Höhlenzeichnungen in den Alpen, von Gammastrahlen, die Physiker an Qi-Gong-Meistern gemessen haben sollen – leider alles völlig abwegige Behauptungen, die nicht von Wissenschaftlern, sondern von Sensationsjournalisten in unseriösen Publikationen verbreitet wurden. Derlei ist der spirituellen und geistigen Entwicklung der Menschen leider ausgesprochen wenig förderlich. Nun, jeder Mensch, auch ein spirituell weit entwickelter, kann solchen Irrtümern erliegen. Doch ist ein solcher Irrtum ein Grund dafür, eine wertvolle Methode, die mit wissenschaftlichen Bemühungen nichts zu tun hat, kurzerhand zu verbieten? Wohl kaum! Sehr unverständlich ist der Vorwurf, Falun-Gong-Anhänger würden regierungsfeindliche Aktivitäten ausüben. Meister Li fordert von seinen Schülern, dass sie kein Geld nehmen, dass sie die Gesetze beachten und sich keinesfalls in politische Angelegenheiten einmischen dürfen. Wenn diese Anweisungen auch nicht immer eingehalten wurden, so ist dies sicherlich nicht Falun Gong zuzuschreiben, sondern beruht auf den individuellen Bestrebungen einzelner Menschen.

Völlig abwegig ist der Vorwurf, Falun Gong könnte gesundheitsschädlich sein! Im Falun Gong werden keine anstrengenden oder schädlichen Bewegungen wie in einigen anderen Schulen ausgeführt, keine schwierigen geistigen Übungen und keine Atemkontrolle. Ja, Meister Li verpflichtet seine Schüler sogar, keinesfalls als Heiler aufzutreten. Auch in westlichen Ländern gibt es mitunter Kritik an Falun Gong. Vor allem wird Meister Li vorgeworfen, dass er seinen Schülern nahe legt, sich auf eine einzige Schule zu konzentrieren: »Wenn du unüberlegt Dinge anderer, die andere Informationen tragen, annimmst, zerstörst du dadurch die Dinge unserer Schule« (»Zhuan Falun«, 43). Ja, was soll denn daran verwerflich sein? Meister Li erklärt ausführlich – in Übereinstimmung mit den meisten Qi-Gong-Meistern –, weshalb eine Mischung der Übungswege nicht sinnvoll ist. Auch sagt er, dass es andere Übungswege gebe, die Menschen, die nicht Falun Gong ausüben wollen, beschreiten können. Auch diesen Menschen, die nicht seiner Schule angehören, empfiehlt Li, sich auf eine einzige Schule zu konzentrieren!

Man mag sich den Ansichten Meister Lis anschließen oder nicht – doch gibt es wenig Grund, Falun Gong abwertend zu kritisieren oder gar, wie es leider in China der Fall ist, zu verbieten.

Falun-Gong-Anhänger sind nicht politisch aktiv, achten die Gesetze des Staates und nehmen kein Geld für den Unterricht.

Die Grundlagen

Falun Gong gründet auf zwei prominenten philosophischen Traditionen, nämlich dem Taoismus und dem Buddhismus. Außerdem spielte natürlich die jahrtausendealte Tradition der körperlich-geistigen Energieübungen (Qi Gong) eine entscheidende Rolle. Im Falun Gong vereinen sich die Erkenntnisse der beiden tiefsten Philosophien und die in langer Zeit gewachsene praktische Erfahrung mit den energetischen Mechanismen des Lebens.

Um Falun Gong begreifen zu können, ist es wichtig, die Grundlagen wenigstens in ihren Grundzügen kennen zu lernen.

Laotse (ca. 570 – 490 v. Chr.) gilt als der Begründer des Taoismus und als der Autor des berühmten Buches »Tao Te King«, in dem er sein Wissen niedergeschrieben hat.

Der Taoismus

Das Tao, wörtlich »der Weg«, ist ein Grundbegriff der chinesischen Philosophie des Taoismus, als deren wichtigster Begründer Laotse, der »alte Meister«, angesehen wird, der im 4. Jahrhundert vor der westlichen Zeitrechnung lebte.

Ursprünglich war der Taoismus keine Religion, sondern eine philosophische Schule, die lehrt, dass alle Dinge miteinander im Zusammenhang stehen. Taoistische Lehren sind also mit allen Religionen prinzipiell vereinbar und widersprechen keinen religiösen Grundsätzen. Der nach taoistischen Lehren lebende Mensch versucht vor allem, in Harmonie mit seiner inneren und äußeren Welt zu leben; viele Taoisten zogen sich daher in die Einsamkeit in den Bergen oder Wäldern zurück, um Stille zu finden, die von Menschen unbeeinflusste Natur in sich aufzunehmen und Teil dieser Natur zu werden.

Weil der Mensch seine Einheit mit der Natur verloren hat, lebt er in der Welt der Gegensätze und gegensätzlichen Meinungen. Er kann die Gegensätze nicht mehr als Einheit begreifen und entfernt sich durch sein beständiges Tun von seiner wahren Natur.

Die Gegensätze sind nach der taoistischen Anschauung nur bei einseitiger Betrachtungsweise voneinander getrennt, so wie die beiden Seiten einer Münze, die dennoch nur eine Münze ist. Aus taoistischer Sicht sind Gegensätze immer die zwei Pole eines Ganzen. Die chinesische Philosophie hat für die Pole Begriffe, die nicht wirklich in westliche Sprachen übersetzt werden können. Diese Begriffe sind »Yin« und »Yang«. Yin und Yang kennzeichnen dabei nicht etwas Bestimmtes, nicht männlich–weiblich, nicht gut–böse, nicht hell–dunkel und schon gar nicht chinesische Götter, sondern stehen für das Prinzip der Polarität.

Weithin bekannt ist das Tai Chi, das Yin-Yang-Symbol. Es lohnt sich, dieses Symbol eingehender zu betrachten: Schwarz und Weiß sind in ständiger Bewegung, eines ist nicht nur im anderen enthalten, sondern bedingt das andere sogar. Würde man das Schwarze fortnehmen, so wäre die Einheit zerstört, und auch das Weiße würde seine Form verlieren.

Gegensätze sind in Wirklichkeit stets die Pole eines übergeordneten Ganzen, so wie die zwei Seiten einer Münze nur Ansichten derselben sind.

Im »Tao Te King« finden wir folgende Worte von Laotse:

»Der Weise handelt, ohne zu handeln,
er spricht die Lehre ohne Worte,
die Dinge geschehen, und er wendet sich nicht von ihnen ab,
er bringt hervor, aber eignet sich nicht an,
vollbringt, aber beansprucht keine Anerkennung –
und weil er keine Anerkennung beansprucht,
kann ihm die Anerkennung nicht genommen werden.«

Der Taoist handelt also nicht, sondern lässt geschehen. Einer der wichtigsten Begriffe des Taoismus, der vielen Menschen zunächst nur sehr schwer verständlich ist, ist »Wu-wei«, das »Nicht-Handeln«. Nicht-Handeln sollte man dabei nicht mit Ausruhen, Faulenzen oder Nichtstun gleichsetzen. Wu-wei ist aktives Nicht-Handeln, die Dinge »fließen« lassen, das zu tun, was zu tun ist, keine Gewalt (auch beispielsweise gegen die eigene Natur) einzusetzen – dem Tao zu folgen.

»Das Tao ist ganz ohne Tun.
Und doch ist es nie tatenlos« (»Tao Te King«).

Das erscheint natürlich auf den ersten Blick sehr widersprüchlich. Das Tao ist an sich auch nicht wirklich erklärbar.

Yin und Yang ergänzen sich gegenseitig. Es gibt das eine nicht ohne das andere.

13

»Könnten wir das Tao erklären,
wäre es das Tao nicht.
Könnten wir das Tao benennen,
wäre es nicht der Name des Tao« (»Tao Te King«).

Wollen wir also nun die Philosophie verlassen und betrachten, was sich daraus praktisch für die Taoisten ergab.

Aus der engen Verbundenheit der Taoisten mit der Natur erwuchsen im Laufe der Zeit viele Erkenntnisse über das Zusammenwirken der Energien der Erde und des Himmels, aber auch viele Einsichten, die wir heute vielleicht als »wissenschaftlich« bezeichnen würden. Die Heilwirkungen und Kräfte der Pflanzen, Mineralien und tierischen Substanzen waren den Taoisten seit jeher gut bekannt, und einige taoistische Schulen begannen sich der Herstellung von lebensverlängernden Elixieren und der Alchimie zu widmen.

Die Philosophie des Taoismus wurde im Volk zu einer Religion, die nicht mehr viel mit den Lehren der alten Taoisten gemein hat.

Auf der anderen Seite wurde der Taoismus im Volk zu einer Religion mit zahlreichen Göttern und Geistern. Unter dem Einfluss des Buddhismus entstanden später auch taoistische Klostergemeinschaften und Tempel. Gerade diese zwei Seiten des Taoismus – der alchimistische und der religiöse Taoismus – haben die größte Bekanntheit unter den Menschen erreicht, obwohl sie nur wenig mit den ursprünglichen taoistischen Lehren gemein haben.

Weit interessanter waren jedoch die Erkenntnisse der taoistischen Einsiedler, die sich nicht auf derlei Abwege verirrten und nur danach trachteten, eins mit dem Tao zu werden – ohne jegliche Elixiere, Zaubersprüche und Götter. Diese Weisen entwickelten Übungen für Körper, Seele und Geist, die sie der Natur selbst ablauschten. Die Übungen dienten nicht etwa dazu, die Natur zu überlisten und zu bezwingen, sondern einzig und allein dazu, die Übenden wieder in Einklang mit der Natur, mit dem Tao, zu bringen.

Die dabei gewonnenen Einsichten in die energetischen Vorgänge im Menschen führten zur Entwicklung von Fähigkeiten, die normalen Menschen übernatürlich erscheinen mussten. Außergewöhnliche Gesundheit, hohes Alter und verblüffende Körperkräfte waren nur die nächstliegenden Kennzeichen.

Ein Leitsatz dieser Taoisten war: »Werde wie das Wasser!«, denn:

»Es ist nichts in der Welt,
das dem Wasser gleichkommt
an Nachgiebigkeit und Weichheit –
und doch trägt es mit Leichtigkeit
den Sieg über das Harte und Unnachgiebige davon.
Gerade wegen dem, was es nicht ist,
gelingt es ihm leicht« (»Tao Te King«).

Die alten Taoisten fanden also durch bestimmte Methoden Möglichkeiten, besondere, außerhalb des als »normal« Bekannten liegende Kräfte freizusetzen, die gewöhnlichen Menschen nicht zugänglich waren. Die Methoden, diese Fähigkeiten zu entwickeln, wurden an wenige oder sogar nur an einen einzigen Schüler weitergegeben und blieben aufgrund dessen oft über lange Zeit geheim.

Falun Gong beruht auch auf solchen alten überlieferten taoistischen Methoden, von denen später noch eingehender die Rede sein wird: Zwar ist der Falun-Weg nicht mit Taoismus gleichzusetzen, doch im Falun Gong kommt die Essenz taoistischer Erkenntnisse zur Anwendung.

Taoistische Einsiedler entwickelten die ersten Qi-Gong-Übungen. Ihr Ziel war es, eins mit der Natur zu werden.

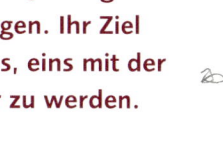

Das Wasser ist ein untrennbarer Bestandteil des Taoismus. Die Eigenschaften des Wassers – Härte, Weichheit, Ausdauer, Leichtigkeit und Beständigkeit – sind für den Menschen erstrebenswerte Ziele.

15

Der Buddhismus

Auch eine Lehre, die nicht in China ihren Ursprung hat, ist sehr wichtig für Falun Gong: der Buddhismus. Allerdings ist der Falun-Weg auch nicht mit dem Buddhismus gleichzusetzen.

Im 6. Jahrhundert vor der westlichen Zeitrechnung wurde in Indien einem Maharaja, einem indischen Fürsten, ein Sohn geboren. Dieser Sohn hieß Gautama Siddhartha, der in späteren Jahren »Buddha«, »der Erwachte«, genannt wurde. Er lehrte die Ursachen und die Überwindung des Leidens, und seine Lehre verbreitete sich über ganz Indien und kam schließlich auch nach China.

Gautama Siddhartha Buddha (ca. 560 – 480 v. Chr.)

Nachdem der im Überfluss und Reichtum lebende Prinz Siddhartha eines Tages einen alten, einen kranken und einen sterbenden Menschen gesehen hatte, wurde ihm bewusst, dass alles der Vergänglichkeit unterworfen ist. Daraufhin verließ er Palast, Eltern und Familie und zog als Asket durch das Land, bis er schließlich erkannte, dass auch dieser Weg auf die Dauer nicht zur Befreiung führte. Er setzte sich also meditierend unter einen Baum – bis er schließlich die vollkommene Erleuchtung erlangt hatte.

Nach seinem Erleuchtungserlebnis sammelten sich nach und nach immer mehr Schüler um Buddha, »den Erleuchteten«, und hörten seine Lehre von den »vier edlen Wahrheiten«, die, richtig angewandt, den Weg zur Befreiung wiesen. Diese Lehrsätze bilden den Kern des Buddhismus.

● Die erste der »vier edlen Wahrheiten«: Alles Leben ist dem Leiden unterworfen.

● Die zweite der »vier edlen Wahrheiten«: Die Ursache allen Leidens ist das Anhaften und die Begierde.

● Die dritte der »vier edlen Wahrheiten«: Das Aufheben der Begierde führt zur Aufhebung des Leidens.

● Die vierte der »vier edlen Wahrheiten«: Der Weg zur Aufhebung des Leidens ist der »achtfache Pfad« – rechte Erkenntnis, rechtes Wollen, rechtes Reden, rechtes Handeln, rechtes Leben, rechte Bemühung, rechte Achtsamkeit und rechte Versenkung.

Die »vier edlen Wahrheiten« sollen nun zum besseren Verständnis näher erläutert werden.

Die erste der »vier edlen Wahrheiten« besagt, dass alles Leben dem Leiden unterworfen ist. Gerade im Westen stößt dies manchmal auf Unverständnis. Denn das Leben ist ja mitunter auch schön und bringt Freude. Manche begreifen den Buddhismus daher als eine pessimistische Philosophie. Doch das trifft nicht wirklich zu.

Die Wahrheit vom Leiden ist nicht so zu verstehen, dass das Leben insgesamt verneint würde. Im Gegenteil: Erst durch das Leben wird ja das Erwachen, die Erleuchtung, das höchste Glück ermöglicht. Dass alles Leben prinzipiell dem Leiden unterworfen ist, meint, dass alles, wirklich alles, unbeständig und vergänglich ist. Materielle Güter, Gesundheit und natürlich auch das Leben selbst sind vergänglich und schließlich der Zerstörung unterworfen. Das Prinzip der Unbeständigkeit ist das Prinzip des Lebens selbst. Alles aber, was Leid in uns ist, hängt mit der Vergänglichkeit zusammen. Wir leiden, wenn wir uns dieser Vergänglichkeit bewusst werden: wenn ein geliebter Mensch stirbt, wenn wir von einer Krankheit betroffen sind, wenn wir etwas, was uns wertvoll ist, verlieren.

Die zweite der »vier edlen Wahrheiten« erklärt die Ursache des Leidens. Die Ursache allen Leidens, lehrt Buddha, ist das Anhaften und die Begierde. Erst durch die Wünsche und Begierden entsteht das Leiden. Nicht der Verlust an sich ist leidvoll, sondern er wird es, wenn wir dem Vergänglichen anhaften.

Die dritte der «vier edlen Wahrheiten« befasst sich damit, wie sich der Mensch aus dem ewigen Kreislauf des Leidens befreien kann: Da ja die erste Ursache des Leidens die Begierde ist, folgt daraus, dass das Aufheben der Begierde zwangsläufig zur Aufhebung des Leidens führt. Das ist natürlich nun einfacher gesagt als getan – ja, vielen von uns wird es geradezu als unmöglich erscheinen, sich vom Wünschen, vom Hoffen,

Buddha lehrte die »vier edlen Wahrheiten« und den »achtfachen« Pfad, der zur Aufhebung des Leidens führt.

17

Der »achtfache Pfad« zeigt auf praktische Art und Weise, wie sich der Mensch aus dem Kreislauf des Leidens befreien kann.

vom Hang zu materiellen oder immateriellen Gütern zu befreien. Erkennen und akzeptieren wir die Vergänglichkeit, setzen wir ihr nicht den Wunsch der Unveränderlichkeit und Beständigkeit entgegen, weder die Unveränderlichkeit des Besitzens noch die des Nicht-Besitzens, können wir auf Dauer Befreiung vom Leiden erlangen.

Die vierte der »vier edlen Wahrheiten« geht der Frage nach, wie denn der Weg zur Aufhebung des Leidens konkret beschaffen ist. Buddha lehrte den »achtfachen Pfad«: rechte Erkenntnis, rechtes Wollen, rechtes Reden, rechtes Handeln, rechtes Leben, rechte Bemühung, rechte Achtsamkeit und rechte Versenkung.

Auch den so genannten achtfachen Pfad möchte ich kurz erklären. Die rechte Erkenntnis betrifft das Verstehen der ersten der »vier edlen Wahrheiten«: Das Leben ist Leiden.

Das rechte Wollen heißt, gute Gedanken zu hegen und schlechte Gedanken zu vermeiden. Alles, was ein Teil unserer Gedanken ist, ist automatisch auch ein Teil von uns. Je mehr wir also konsequent bestimmte Gedanken pflegen, desto mehr gehen sie in unsere Persönlichkeit ein.

Neben dem Taoismus ist der Buddhismus mit seinen »vier edlen Wahrheiten« eine der Säulen des Falun Gong.

Mit rechtem Reden ist gemeint, dass wir unsere Worte mit Bedacht wählen, nichts Unnötiges, Unwahres, Boshaftes reden sollten. Nicht nur anderen, sondern auch uns selbst schaden wir, wenn wir uns gedankenlos an Geschwätz und Tratsch über Nachbarn, Kollegen, Verwandte, Freunde oder Fremde beteiligen. Worte, die wir aussprechen, setzen sich in unserem Geist fest, festigen negative Gedanken und Gefühle und bringen uns von unserem Weg zur Befreiung ab.

Das rechte Handeln bedeutet, in seinen Handlungen das Mitgefühl mit allen Lebewesen auszudrücken. Auch wenn sich in unserer Erkenntnis und unserer Rede das Mitgefühl mit unseren Mitmenschen zeigt, so ist das doch gering zu achten, wenn es sich nicht auch in unseren Handlungen ausdrückt, wenn wir achtlos an einem leidenden Wesen vorbeigehen oder auf eine andere Weise dem, was wir denken, wollen und sprechen, nicht gerecht werden.

Rechtes Leben heißt, all das bisher Gesagte in seinem Leben zu verwirklichen – unabhängig davon, ob es ein anderer bemerkt oder gutheißt. Wenn wir von unserem Überfluss abgeben, ist es weniger wichtig, dass andere davon erfahren und uns deshalb bewundern; wichtig ist allein, dass es auf ganz natürliche und selbstverständliche Weise zu unserem Leben gehört.

Das rechte Bemühen ist nötig, da wir uns von dem Anhaften und der Gier befreien wollen, doch als noch nicht Erwachte stets die Impulse in uns spüren, die wir so lange genährt haben.

Die rechte Achtsamkeit ist die Voraussetzung für rechtes Wollen, Reden, Handeln, Leben und Bemühen; – wenn wir uns achtlos treiben lassen, können wir auch nicht auf rechte Weise leben: All unseren guten Vorsätzen zum Trotz werden sich alte Gewohnheiten, Verhaltens- und Denkweisen aufdrängen und unser Bemühen, Befreiung zu erlangen, zunichte machen.

Rechte Versenkung – Meditation – ermöglicht es uns, die Befreiung vom Leiden selbst zu erfahren. Zunächst nur für Augenblicke, dann für immer längere Zeit. In der Meditation können wir eine wirkliche Vorstellung davon bekommen, was »Befreiung«, was »Eins-Sein mit der Welt« bedeutet; wir erleben, wie sehr wir in Illusionen und Täuschungen

Der »achtfache Pfad«, den Buddha lehrte, ist eine praktische philosophische Lebenshilfe. Großer Bestandteil dieser Lebenshilfe ist Meditation, die den Weg zu sich selbst erst ermöglicht.

befangen sind, und werfen einen Blick »hinter den Vorhang« der Illusion. Ohne Meditation werden wir die Befreiung vom Leiden nicht erreichen. Buddhas Lehre kennt also keine Gebote, keine Sünde, keine Strafe, sondern zeigt, wie das Leiden in der Welt zustande kommt, weshalb es untrennbar mit dem Leben verbunden ist und wie es schließlich doch überwunden werden kann. Durch alles Leid, das jemand durch sein Handeln in die Welt bringt, fügt er letztlich sich selbst Schaden zu und findet keine Befreiung. Schlechte Taten werden nicht bestraft, sie tragen ihre negativen Konsequenzen bereits in sich. »Tat twam asi« – »Du bist ich«: Mit diesen Worten beschrieb der Buddha die Erkenntnis, dass alles mit allem verbunden ist, dass das Leiden jedes Wesens auch das eigene Leiden ist. Der Buddhismus ist daher vom Mitgefühl mit jeder Kreatur durchdrungen. Auch im Buddhismus müssen wir zwischen der philosophischen Lehre und den Ausprägungen, die er in der Welt annahm, unterscheiden.

Der Buddhismus kennt keine Sünde und keine Bestrafung – schlechte Handlungen tragen ihre negativen Konsequenzen bereits in sich.

Wenn jemand heute vom Buddhismus spricht, so spricht er meist vom Buddhismus als Religion. Als Buddha im Sterben lag, lehnte er den Wunsch seiner Schüler ab, seinen Nachfolger zu bestimmen. Er gab ihnen den Rat, aus eigenen Kräften und mit Fleiß an ihrer eigenen Vervollkommnung zu arbeiten. Die buddhistische Lehre gab es also zunächst in mündlicher Überlieferung. Aus dem Wunsch nach einer einheitlichen und unverfälschten Lehre entstanden schließlich die verschiedenen buddhistischen Schriften, allen voran der buddhistische Kanon, der unter dem Namen »Tripitaka«, oder »Dreierkorb«, bekannt ist, da er aus drei Schriftsammlungen besteht: dem »Sutra Pitaka« (Gesprächssammlung), dem »Vinaya Pitaka« (Ordensregeln) und dem »Abhidharma Pitaka« (philosophische, psychologische und spirituelle Lehren).

Der »Abhidharma Pitaka« enthält die Erklärung psychologischer Phänomene und philosophische Analysen. Hier findet sich die Essenz der buddhistischen Philosophie – doch haben diese Texte nur sehr wenig Einfluss auf buddhistische Laienbekenner. Ähnlich wie im Taoismus verlangten die Menschen nach einer religiösen Ausdeutung, und so spaltete sich der Buddhismus in verschiedene Schulen.

Die Theravada-Buddhisten beispielsweise sehen in den drei Schriftsammlungen der »Tripitaka« die traditionsgemäße Niederschrift des über-

lieferten Wortes von Siddhartha Gautama und folgen ausschließlich der philosophischen Lehre.

Die Mahayana-Buddhisten erweiterten die buddhistische Lehre um verschiedene Schriften, wie z. B. das »Lotos-Sutra« (»Saddharmapundarika Sutra«) oder die »Prajnaparamita« (»Vervollkommnung der Weisheit«). Im Mahayana-Buddhismus wird vom dreifältigen Wesen des Buddha gesprochen: der Essenz, die das Grundwesen Buddhas darstellt, gemeinschaftlicher Glückseligkeit, die sich als Buddha in göttlicher Herrlichkeit predigend im Himmel darstellt und schließlich dem Wesen des Buddha auf Erden als Bodhisattva. Das neue Buddha-Konzept des Mahayana führte zur göttlichen Verehrung und damit zur Ausbildung einer buddhistischen Religion im engeren Sinne.

Die wichtigste Neuerung im Mahayana-Buddhismus ist die Vorstellung des Bodhisattva, des Ideals des guten Buddhisten. Ein Bodhisattva ist ein menschliches Wesen, das zwar die vollkommene Erleuchtung erlangt hat, doch freiwillig nicht ins Nirvana eingeht, um die Erlösung anderer Wesen zu ermöglichen. Die Haupteigenschaften eines Bodhisattva sind Mitleid und Herzensgüte. Bestimmte Bodhisattvas, wie z. B. Maitreya, der Buddhas Herzensgüte darstellt, und Avalokiteshvara oder Kuan-yin,

Die wichtigsten religiösen Richtungen des Buddhismus sind der Theravada-Buddhismus, der Mahayana-Buddhismus und der tibetische Lamaismus.

der sein Mitleid verkörpert, wurden im Mahayana-Volksglauben zum Mittelpunkt der Verehrung und Anbetung.

Etwa im 1. Jahrhundert n. Chr. kam der Buddhismus nach China. Als er sich verbreitete, wurde er von den konfuzianischen Würdenträgern verfolgt. Besonders schweren Verfolgungen waren die Buddhisten in den Jahren 446, 574 bis 577 und 845 ausgesetzt, doch der Buddhismus verbreitete sich dennoch, beeinflusste die chinesische Kultur und veränderte sich auch selbst durch chinesische Einflüsse – insbesondere durch den Taoismus. Nach der großen Verfolgung im Jahr 845 verlor der Buddhismus in China an Einfluss; nur zwei Schulen blieben weiter bestehen: die Ch'an-(Zen-)Schule und die fromme Sekte »Reines Land«.

Mandalas haben eine lange Tradition. In buddhistischen Klöstern gehört es zur Meditation, dass Mönche mehrere Meter große Mandalas fertigen.

In der »Reines-Land«-Schule stand die Verehrung des Buddha Amitabha oder Buddha des »unendlichen Glanzes« als Mittel zur Wiedergeburt in einem ewigen Paradies, bekannt als »reines Land«, im Mittelpunkt.

Die Ch'an- oder Zen-Schule war dagegen vor allem praktisch und spirituell ausgerichtet. Als ihr Begründer wird der indische Mönch Bodhidharma angesehen, der im Jahre 520 nach China kam. Die praktische Übung und die persönliche Erleuchtung stehen im Mittelpunkt dieser Lehre.

Schließlich ist noch eine dritte Richtung des Buddhismus zu erwähnen, die etwa im 7. Jahrhundert aus der Verbindung des Mahayana mit magischen Praktiken entstand. Diese neue Form des Buddhismus wurde als Tantrismus oder Vajrajana, das »Diamant-Fahrzeug«, bekannt und ist eine esoterische Tradition. Die einleitenden Zeremonien beinhalten den Eingang in ein Mandala, einen mystischen Kreis oder eine symbolische Karte des geistigen Universums.

Der heute in Japan verbreitete Zen-Buddhismus entwickelte sich in China aus der Begegnung des Buddhismus mit dem Taoismus.

Wichtig im Tantrismus ist auch die Verwendung von Mudras (rituellen Gesten) sowie Mantras (heiligen Silben). Eine besondere Form des Vajrajana ist der tibetische Buddhismus oder Lamaismus.

Falun Da-fa schöpft aus den buddhistischen Traditionen und ist eine der mystischen »84 000 Schulen«. Es muss jedoch unbedingt festgehalten werden, dass Falun Da-fa nicht mit dem Buddhismus als Religion gleichgesetzt werden kann.

...ong

...s ist eigentlich Qi Gong? Gerade im Westen, aber auch in China gibt es da allerlei Missverständnisse. Ist Qi Gong Gymnastik, Heilkunst, Geheimlehre oder gar eine religiöse Zeremonie? Wir wollen das im Folgenden kurz beleuchten. Schon die Wortbedeutung ist gar nicht so leicht zu erklären. »Gong« kann mit »durch Bemühung erworbene Fähigkeit« übersetzt werden, wird aber oft einfach als »Übung« begriffen – was natürlich einen großen Unterschied macht! Wirklich schwierig wird es aber erst beim Begriff »Qi«. Am besten ist »Qi« als »Energie« oder »Lebenskraft« zu übersetzen – natürlich keine elektrische Energie, aber auch keine nur psychische oder gar »eingebildete« Kraft. (Manche taoistische Alchimisten betrachteten Qi allerdings eher als Substanz.) Qi ist die Kraft, die den Körper am Leben hält und Menschen, die viel von dieser Energie besitzen und sie in ihrem Körper lenken können, zu außergewöhnlichen Leistungen befähigt. Qi Gong ist also eine Methode, die dazu dient, durch eigenes Bemühen die Lebensenergie zu erhöhen und damit besondere Fähigkeiten zu erlangen – beispielsweise eine starke Gesundheit, feste Muskeln, innere Ruhe. Der Begriff »Qi Gong« ist übrigens recht jung. Die Übungen, die heute als Qi Gong bekannt sind, wurden früher einfach als »Kultivierungsübungen«, »Xiu Lian«, bezeichnet. China hat eine sehr lange Geschichte, und die chinesische Kultur ist die älteste bis in die Gegenwart bestehende Kultur. Viele Dinge waren in China schon lange in Gebrauch, bevor sie im Westen »erfunden« wurden – darunter so wichtige Dinge wie das Papier, der Buchdruck und der Kompass.

Der Begriff »Qi Gong« wurde erst im 20. Jahrhundert geprägt. Früher wurden die Übungen »Xiu Lian«, »Kultivierungsübungen«, genannt.

Auch die Übungen des Qi Gong sind teilweise schon sehr alt. Der Legende nach wurden die ersten von Einsiedlern ausgeübt, die Bewegungen von Tieren nachahmten. Ein klassisches chinesisches Lehrbuch der Medizin aus dem 3. Jahrhundert vor unserer Zeitrechnung kennt bereits Qi-Gong-Übungen und führt ihren Ursprung auf die Regierungszeit des Gelben Kaisers, 2697–2597 v. Chr., zurück. Es heißt dort:

»Zur Zeit von Tang Yao sammelte sich die dunkle Kraft. Das Volk wurde träge und missmutig, die Muskeln, Sehnen und Gelenke der Menschen wurden schwach. Daher erfand er Bewegungen, die helle Kraft wieder weckten.«

23

Natürlich sind diese Berichte Legenden, und wir wissen heute nicht, wann oder gar von wem das erste Mal Qi Gong ausgeübt wurde. Doch ist sicher, dass die Übungen eine jahrtausendealte Tradition haben. Das beweisen auch zahlreiche archäologische Funde, die in den letzten Jahrzehnten gemacht wurden. So fanden Archäologen beispielsweise Bronzetafeln aus der Zhou-Zeit (1100–771 v. Chr.), die Übungen beschreiben, die bereits als Qi Gong zu erkennen sind. 1973 wurde bei Ausgrabungen ein Buch aus der Han-Zeit (206 v. Chr.–25 n. Chr.) entdeckt, in dem farbige Abbildungen detaillierte Angaben zum Unterricht von Qi-Gong-Übungen geben. Ganz besonders werden dabei Atemtechniken betont. Von dem berühmten Arzt Hua Tuo, der im 2. Jahrhundert der westlichen Zeitrechnung lebte, stammt eine der bekanntesten und beliebtesten Qi-Gong-Übungen, die auch heute noch in ganz China geübt wird: das Wuqinxi, wörtlich »Spiel der fünf Tiere«, bei dem die Bewegungen von Hirsch, Tiger, Bär, Affe und Vogel nachgeahmt werden.

Taoistische und später auch buddhistische Mönche entwickelten ihre Übungen stetig fort, und die Meister gaben sie an ihre Schüler weiter. Es entstanden im Laufe der Jahrhunderte über 3 000 Schulen des Qi Gong, die alle ihre besonderen und geheimen Techniken hatten. In der chinesischen Literatur findet sich daher auch eine Unzahl von Medizinbüchern über dieses Gebiet – bis in unsere Zeit hinein.

Archäologische Funde – so beispielsweise Bronzetafeln – belegen, dass es in China bereits vor 3 000 Jahren Qi-Gong-Übungen gab.

Nachdem die traditionellen Übungen aus politischen Gründen einige Zeit verboten waren, blühten sie nach der Kulturrevolution wieder auf – ja, sie wurden sogar vom Staat verbreitet und gefördert, um die Volksgesundheit zu verbessern. Es wurden einerseits einfache Formen entwickelt, die für jedermann leicht zu erlernen sind, andererseits fand Qi Gong auch wieder in die Krankenhäuser. Heute gibt es wieder über 100 verschiedene Stile des Qi Gong in China, und jeder Chinese kennt zumindest einige Übungen. Seit etwa 20 Jahren findet Qi Gong auch im Westen eine immer größere Verbreitung und Anerkennung in der Medizin, insbesondere in der Prävention und Rehabilitation.

Hinter den Übungen steht eine Art Theorie. Dies soll hier nicht allzu sehr ausgedehnt werden, da es sehr viele Bücher zu diesem Thema gibt. Die Grundzüge sind jedoch wichtig für das Verständnis von Falun Gong.

Die chinesische Medizin lehrt, dass die Lebensenergie, das Qi, durch bestimmte Kanäle, die Meridiane, fließt. Dabei werden 14 Meridiane genannt, auf denen auch die Punkte für die inzwischen auch im Westen weit verbreitete Akupunktur liegen.

Diese Meridiane sind allerdings nur die Hauptmeridiane. In Wirklichkeit existieren Hunderte von solchen Energiebahnen, die jedoch in der chinesischen Medizin keine Rolle spielen. (Im Falun Gong hingegen sind gerade auch diese Meridiane sehr wichtig – auch wenn Sie sie natürlich nicht im Einzelnen kennen müssen.)

Eine Erkrankung, ein Unwohlsein, überhaupt jegliche physische oder geistige Störung leitet sich aus einem Mangel oder einem Überfluss von Energie in den Meridianen her. Ist der Fluss der Energie stark und ununterbrochen, sollten keine Krankheiten auftreten. Deshalb steht auch die Vorbeugung von Krankheiten in China in weitaus höherem Ansehen als im Westen; in China gibt es ein interessantes Sprichwort: »Ein guter Arzt hat keine kranken Patienten.«

Gerade wenn man die körperlichen Übungen des Falun Gong betrachtet, liegt es natürlich nahe, an Qi Gong zu denken. In der Tat ist Falun Gong auch Qi Gong – aber es ist mehr als nur eine weitere unter den vielen hundert Qi-Gong-Schulen. Vor allem, und davon wird im Folgenden noch ausführlich die Rede sein, sind im Falun Gong die körperlichen Übungen nur ein Teil, ein wichtiger Teil zwar, aber nicht der wichtigste: Wichtiger noch ist die Kultivierung des Xin-Xing, der geistigen Natur des Menschen. Überdies entfalten die körperlichen Übungen im Falun Gong ihre umfassende Wirkung nur im Zusammenhang mit der geistig-seelischen Kultivierung. Die körperlichen Übungen für sich allein sind zwar kraftvolle Übungen der körperlichen Kultivierung, doch damit wird der große Unterschied zu den bisher bekannten Qi-Gong-Übungen noch nicht offensichtlich.

Zusammenfassend können wir also sagen: Falun Gong vereint in sich die entscheidenden Lehren des Buddhismus und des Taoismus und beinhaltet als einen Teil der Kultivierung die immer weitergehende körperliche Kultivierung durch Übungen, die als eine hohe Stufe der als Qi Gong bekannten Techniken angesehen werden können.

In der Akupunktur werden mit feinen Nadeln Punkte stimuliert, die auf den 14 Hauptmeridianen – den so genannten Energieleitbahnen – liegen.

25

Falun Gong

Sie haben nun schon einen gewissen Überblick darüber, was Falun Gong ist. Nun ist es an der Zeit, Sie mit den Prinzipien der Lehre vertraut zu machen. Alles, was nun folgt, ist von größter Wichtigkeit. Auch wenn Sie vielleicht besonders neugierig auf die körperlichen Übungen sind: Denken Sie daran, dass die körperlichen Übungen allein nur ein Teil des Falun Gong sind. Wenn Sie Gymnastik üben wollen, ist das sicherlich nicht schlecht. Doch wenn Sie Falun Gong praktizieren wollen, sollten Sie sich darüber im Klaren sein, dass Falun Gong vor allem eine geistige Disziplin, oder vielmehr eine Schule des Herzens, ist. Die körperlichen Übungen sind wichtig – doch sie dienen vor allem der Unterstützung der seelischen Kultivierung; und umgekehrt gilt auch, dass erst die Kultivierung des Herzens die Wirkungen der (scheinbar nur) körperlichen Übungen im Falun Gong zur vollen Entfaltung gelangen lässt!

Das Wichtigste im Falun Gong ist die Kultivierung des Herzens oder der geistigen Natur, auch »Xin-Xing« genannt.

Was Falun Gong bewirkt

Viele Menschen zieht es zu Falun Gong, weil sie von den erstaunlichen positiven Wirkungen dieser Methode hören, weil sie diese Wirkungen vielleicht sogar selbst schon an Bekannten gesehen haben, die Falun Gong praktizieren, oder mitunter auch, weil sie möglichst schnell etwas erreichen wollen. Nun sind in der Tat die Wirkungen, die Falun Gong auf das geistig-seelisch-körperliche Wohl des Menschen ausübt, enorm. Ins Auge fallen schon die körperlichen Veränderungen bei Falun-Gong-Schülern, die einige Monate praktizieren: Das Aussehen wird jugendlicher, Falten verschwinden, das Gewicht normalisiert sich, die Haut wird straffer und ist besser durchblutet, die Augen glänzen, und die Bewegungen werden geschmeidiger.

Ein Punkt, der viele Menschen veranlasst, sich mit Falun Gong zu befassen, ist, dass sich die Gesundheit stabilisiert und Krankheiten nur noch selten zum Ausbruch kommen. Die Wirkungen auf die Seele sind mindestens ebenso deutlich. Die Praktizierenden finden zu innerer Ruhe und Gelassenheit, vermögen Schmerzen und Anstrengungen leichter zu ertragen und strahlen Güte und Freundlichkeit aus.

Von der Entwicklung ungewöhnlicher Fähigkeiten, die im Laufe der Kultivierung auftreten, wollen wir hier gar nicht erst sprechen – auch wenn (insbesondere in China) diese »übernatürlichen« Fähigkeiten oft der Grund für die Beschäftigung mit Falun Gong sind.

Nun – das alles ist ja sehr angenehm und positiv. Doch wer Falun Gong praktiziert, um gesund zu werden, um attraktiver auszusehen, um eine bessere Ausstrahlung oder besondere Kräfte zu gewinnen, die er zur Schau stellen kann, der befindet sich auf einem Irrweg. Denn auch wenn Falun Gong all diese Wirkungen hat, so ist es doch keine Methode, um diese Ziele zu erreichen!

Solange die Gedanken und Wünsche nur um die eigene Person kreisen, wird kein Falun Gong praktiziert. Die Kultivierung des Herzens wird nicht durch die Hoffnung gefördert, einen möglichst großen Gewinn für sich daraus zu ziehen.

Natürlich freut sich ein Falun-Gong-Schüler, wenn er feststellt, dass Falun Gong Wirkungen bei ihm zeigt. Doch wer Falun Gong nur übt, weil er gesund werden will – der geht besser zu einem guten Arzt. Wer nur besser aussehen möchte – der sollte lieber zur Kosmetikerin gehen. Wer ungewöhnliche Fähigkeiten zur Schau stellen will – der sollte lieber Gongfu lernen.

Wer jedoch seinen Geist, seinen Körper und sein Herz kultivieren will – der kann kaum einen besseren Weg finden als Falun Gong!

Falun Gong sollte nicht allein wegen seiner Wirkungen praktiziert werden – die positiven Wirkungen sind nur Nebeneffekte der wahren Kultivierung.

Das Einzigartige an Falun Gong

Falun Gong ist deshalb ein so besonderer Weg, weil er für eine weitaus größere Zahl von Menschen möglich ist als die großen traditionellen Wege, auf denen nur sehr wenige »die Erleuchtung«, »das Tao«, »das Eins-Sein mit dem Kosmos« oder »die Verwirklichung« erreichen. Wir haben

Das Einzigartige an Falun Gong ist, dass viel mehr Menschen die so genannte Erleuchtung finden können, als es je mit den traditionellen Schulen möglich wäre.

schon über einige Dinge gesprochen, die Falun von anderen Kultivierungswegen unterscheiden. Hier wollen wir die wichtigsten Punkte zusammenfassen.

Falun Gong unterscheidet sich in einigen wichtigen Punkten von den allgemein bekannten Qi-Gong-Übungen.

1 Falun Gong kultiviert nicht »alchimistische Elixiere« oder das bewusste Lenken des Qi (Lebensenergie), sondern einen besonderen Energiemechanismus, das Falun. Menschen, die nicht mit der Tradition der taoistischen Übungen vertraut sind, wird dies nicht viel sagen – es ist jedoch ein sehr bedeutsamer Unterschied.

2 Falun Gong kultiviert Körper (Ben-ti) und die seelische Natur (Xin-Xing) gemeinsam. Dabei ist es nicht etwa so, dass einerseits der Körper, andererseits die Seele kultiviert werden – eines ist untrennbar mit dem anderen verbunden.

3 Falun Gong legt Wert darauf, das Hauptbewusstsein zu kultivieren; d.h., stets im vollen Wachbewusstsein zu bleiben und nicht in Trancezustände zu kommen. Dies ist ganz wesentlich für das Praktizieren von Falun Gong. Wir unterscheiden zwischen Zhu-Yishi (dem Hauptbewusstsein) und einem oder mehreren Fu-Yishi (Nebenbewusstsein; entspricht teilweise dem westlichen Begriff des Unbewussten oder Unterbewusstseins). Die meisten spirituellen Schulen legen vor allem Wert auf die Kultivierung von Fu-Yishi. Nun ist es tatsächlich so, dass sich das Fu-Yishi auf einer höheren Ebene befindet als das Zhu-Yishi; Kreativität, Intuition und Spiritualität usw. sind alles Kräfte, die aus dem Fu-Yishi kommen. Doch das bewusste Handeln ist Ausdruck des Zhu-Yishi. Wenn die Kultivierung des Fu-Yishi betont wird, erhöht dies zwar die Kultivierungsebene, doch um den Preis des körperlichen Seins und der Orientierung in der Alltagswelt – ein Phänomen, das oft bei Menschen, die einen spirituellen Weg gehen, zu beobachten ist. Im Falun Gong wird daher die Betonung auf die Kultivierung des Zhu-Yishi gelegt – das Fu-Yishi wird jedoch dabei automatisch mitkultiviert! Das heißt für das Praktizieren von Falun Gong folgendes: Es ist äußerst wichtig, stets wach und bewusst dabei zu sein, sich nicht in Traumwelten zu flüchten, beim Praktizieren nicht an andere, themenfremde Dinge zu denken und stets den Kontakt mit der Alltagswelt zu halten – als Mensch unter Menschen zu leben und sich nicht als selbst ernannter Heiliger aus der Welt zurückzuziehen.

4 Falun Gong bedarf nicht der Lenkung von Energie oder der Kontrolle des Atems.

5 Falun Gong beschränkt sich nicht etwa auf wenige Energiezentren oder Meridiane, sondern öffnet sämtliche Energiebahnen im menschlichen Körper.

6 Falun Gong führt zu schnelleren Fortschritten in der geistig-seelischen Kultivierung als jede andere Methode.

7 Falun Gong ist die direkte Kultivierung auf der höchsten Ebene.

Das Falun

Jetzt wird es Zeit zu erklären, was es eigentlich mit dem Falun auf sich hat. Was ist dieser »Energiemechanismus«, über den wir schon ein paar Mal gesprochen haben?

»Falun« heißt wörtlich »Gesetzes-Rad« (oder auch »Gebots-Rad«). Mit dem »Gesetz« ist das buddhistische »Gesetz« gemeint, das eigentlich

Obwohl die Falun-Gong-Übungen sehr einfach sind, ermöglichen sie doch die Kultivierung auf höchster Ebene.

keine Gebote im Sinne von Vorschriften kennt – eher Gesetze im Sinne von »Naturgesetzen«, die ja auch keine Vorschriften darstellen, wie sich die Natur zu verhalten habe, sondern lediglich beschreiben, wie Ursachen und Wirkungen zusammenhängen.

Das Falun (Gesetzes-Rad) ist ein besonderer Energiemechanismus im Körper des Menschen.

Das »Rad« weist auf den Energiemechanismus hin – die Energie kreist in einem bestimmten Bereich im Unterbauch und entfaltet dort besondere Wirkungen. Es ist immer wieder notwendig, darauf hinzuweisen, dass es nicht etwa elektrische oder magnetische Energie ist, die das Falun bewegt. Es ist nicht leicht, über diese Dinge zu sprechen, da sie sich der gewöhnlichen Wahrnehmung entziehen und es daher nicht die richtigen Worte dafür gibt.

Dies ändert jedoch nichts daran, dass diese Dinge, wie die Meridiane, die Lebensenergie Qi oder das Falun, zweifellos existieren! Wem das nicht einleuchtet, möge sich vergegenwärtigen, dass beispielsweise der Schwerpunkt des menschlichen Körpers durchaus eine klare, physikalische Realität ist, aber es dennoch unmöglich ist, diesen Schwerpunkt zu sehen oder gar herauszupräparieren!

Das Falun liegt oberhalb des Dan-tian, des wichtigsten Energiezentrums des Menschen. Im Dan-tian – das Wort bedeutet »Himmelsmitte« – wird die Lebensenergie Qi gespeichert. Der Unterbauch, der Sitz des Dan-tian, gilt daher in China als Zentrum des Menschen.

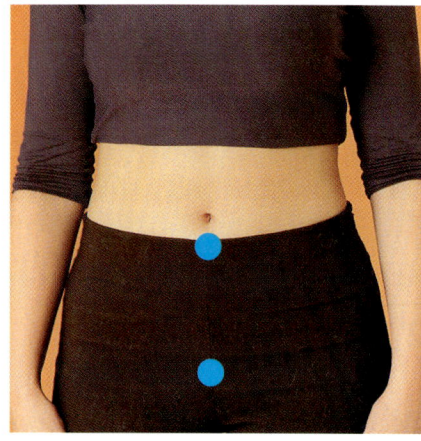

Das kreisende Energierad Falun hat seinen Sitz an der eingezeichneten Stelle im Unterbauch.

Die Wirkungen des Falun

Das Falun ist von unschätzbarem Wert für die Kultivierung. Es bewegt ständig die Energie, wandelt sie um, verteilt sie im Körper, öffnet die Meridiane und schützt den Praktizierenden vor negativen Einflüssen. Wer über ein Falun verfügt, ist praktisch nicht mehr anfällig für Krankheiten. Aber was weitaus wichtiger ist: Er ist auch sehr viel weniger anfällig für negative Gefühle und Gedanken, für Dinge, die sonst Übende leicht von ihrem Kultivierungsweg abbringen können. Beispielsweise wird jemand, der über ein Falun verfügt, viel leichter von negativen

Gewohnheiten wie dem Rauchen oder aggressivem Verhalten loskommen können. Das Falun bewirkt, dass der Schüler sozusagen 24 Stunden am Tag praktiziert – auch wenn er gerade keine aktiven Übungen durchführt, ja sogar, wenn er gerade schläft.

Das Falun dreht sich ständig abwechselnd in die eine und dann in die andere Richtung. Während es sich neunmal im Uhrzeigersinn dreht, sammelt es kosmische Energie und wandelt sie in eine Energieform um, die der Entwicklung von Körper und Seele dient. Dann dreht es sich ebenso oft gegen den Uhrzeigersinn und setzt damit wieder Energie frei. Dabei wird der Körper des Praktizierenden zunächst von negativen Energien befreit; dann aber wird einfach überschüssige Energie abgegeben. Das hat die erstaunliche Wirkung, dass auch andere Menschen allein von der Nähe eines Praktizierenden, der mit einem Falun ausgestattet ist, profitieren können, d.h. ruhiger und gelassener werden, sich gesünder und stärker fühlen und weniger negative Gedanken hegen. Natürlich dauert das nur so lange an, wie sie sich tatsächlich in der Nähe eines solchen Menschen befinden.

Indem Meister Li das Falun an seine Schüler weitergibt, beschleunigt er ihre spirituelle Entwicklung um ein Vielfaches. Gerade in unserer Zeit ist es wichtig, dass sich viele Menschen kultivieren und zu ihrem wahren Menschsein finden. Deshalb ist Meister Li Hongzhis Entschluss, das Falun entgegen der überlieferten Tradition weiterzugeben, der Ausdruck seiner hohen Kultivierung.

Das Einsetzen des Falun

Nun stellt sich natürlich die Frage, wie jemand überhaupt ein Falun erhalten kann. Bisher war nur davon die Rede, dass Meister Li Hongzhi seinen Schülern das Falun einsetzt. Er selbst erhielt es von seinem Meister (allerdings in einer weitaus höheren Qualität). Doch woher hatte sein Meister das Falun? Vielleicht auch wiederum von seinem Meister? Möglicherweise. Doch es gibt nicht nur den einen Weg.

Der ursprünglichste Weg ist der allmähliche Aufbau eines Falun durch langjährige intensive Kultivierung einer hohen Schule. Das ist natürlich der beste und eigentliche Ursprung des Falun. Dieser Weg ist jedoch nur

Das Falun, das Energierad, nimmt in regelmäßigem Wechsel Energie auf und gibt dann wieder überschüssige Energie ab.

sehr wenigen Menschen möglich. Er verlangt eine lebenslange Hingabe und Disziplin und die Methoden einer dazu geeigneten Schule, wie Falun Xiu-lian Da-fa, den Kultivierungsweg, den auch Meister Li praktizierte, nachdem er das Falun jedoch schon von seinem Meister erhalten hatte und bereits auf einer sehr hohen Stufe stand.

Das Falun kann durch langjährige Kultivierung entstehen oder von einem Meister an seinen Schüler weitergegeben werden.

Eine andere Möglichkeit, das Falun in seiner ganzen Stärke zu erhalten, ist die vollständige Übergabe eines Falun von einem sehr hoch kultivierten Meister. Dies kann nur einmal geschehen – nämlich dann, wenn ein Meister sich auf den Tod vorbereitet und das Falun seinem würdigsten Schüler übergibt. Dies war bei Meister Li der Fall.

Durch diese Übergabe kommt der Schüler unmittelbar auf eine sehr hohe Kultivierungsebene. Diese Gabe ist also ein unschätzbares Geschenk. Dieser schnelle Aufstieg auf eine hohe Ebene birgt einige Gefahren. Wenn der Schüler nicht äußerst diszipliniert und entwickelt ist, kann die Einsicht in höhere Ebenen zu Illusionen und Trugbildern, insbesondere der Illusion unbegrenzter Macht und vollkommener Einsicht führen – Dinge, die als Ideale natürlich niemals wirklich von einem Menschen erreicht werden.

So, wie diese Landschaft über lange Jahre mit viel Fleiß kultiviert wurde, dauert es auch Zeit, Geduld und Übung, das Falun zu kultivieren.

Natürlich enthebt die Übergabe des Falun den Schüler auch nicht der weiteren eigenen Bemühungen, sondern verpflichtet ihn geradezu zu höheren Anstrengungen. Auch Meister Li trat ja nicht sogleich an die Öffentlichkeit, sondern verstärkte vielmehr sein Streben nach höherer Kultivierung. Die Übergabe eines Falun kann jedoch nicht nur in der eben erwähnten Form stattfinden, sondern auch in Form eines Falun-»Keims«. Diese Form der Übergabe wurde traditionell jedoch praktisch niemals durchgeführt, da sie das Falun des Meisters, der das Falun übergibt, schwächt. Meister Li ist der einzige Mensch, der heute diese Methode durchführt. Er gibt damit vielen Menschen ein großartiges Geschenk in der Hoffnung, dass sie sich dessen auch würdig erweisen.

Da das traditionell geheim gehaltene Wissen über das Falun heute weit verbreitet ist, habe ich mich entschlossen, eine weitere Möglichkeit, einen Falun-»Keim« zu erhalten, hier weiterzugeben. Diese Methode wurde seit Generationen in meiner Familie überliefert. Sie stellt in gewisser Weise einen Mittelweg zwischen der langjährigen Selbstkultivierung des Falun und der unmittelbaren Übergabe durch einen Meister dar.

Die Methode des Xiao-fo, der »kleinen Erleuchtung«, bedarf keines Meisters und keiner langjährigen Übung; sie verlangt jedoch ein gewisses Bemühen seitens des Schülers. Der Unterschied zu der Übergabe eines Falun wie durch Meister Li besteht weiterhin in der Intensität: Das Falun, das mit Xiao-fo erreicht werden kann, ist ein starker Keim, der durch die Selbstkultivierung schnell zu einem starken Falun wächst, aber noch kein fertiges Falun. Der Vorteil dieses Weges liegt darin, dass der Schüler in keinem Fall in seiner Entwicklung überfordert werden kann, da er es stets selbst ist, der seine Fortschritte bewirkt.

Durch Xiao-fo, eine bislang im Geheimen überlieferte Übung, kann in relativ kurzer Zeit auch ohne einen Meister ein Falun entwickelt werden.

Xiao-fo – einen Falun-»Keim« setzen

Bei Xiao-fo, der »kleinen Erleuchtung«, geht es tatsächlich um Licht – allerdings keines, das Sie mit den äußeren Augen, sondern um eines, das Sie mit Ihrem inneren Auge sehen. Sie wissen ja, dass Sie vor Ihrem inneren Auge – das im Taoismus als »Himmelsauge« bezeichnet wird –

Dinge »sehen« können, die nicht mit den Augen sichtbar sind. Sie können sogar bis zu einem gewissen Grad darüber verfügen, was Sie sehen. Menschen haben unterschiedliche Voraussetzungen. Wenn es Ihnen schwer fällt, vor Ihrem Himmelsauge Bilder wahrzunehmen, werden Sie einige Zeit für Xiao-fo benötigen, obwohl jedem Menschen die Technik möglich ist. Es ist prinzipiell nicht gut, etwas Begonnenes leichtfertig und voreilig aufzugeben – wenn Sie jedoch deutlich spüren, dass Xiao-fo Sie überfordert, Sie aber dennoch den Falun-Weg gehen wollen, bleibt Ihnen jederzeit die Möglichkeit, als Schüler von Meister Li ein Falun zu erhalten. Um Xiao-fo durchzuführen, werden Sie nun üben, mit Ihrem Himmelsauge strahlendes Licht in unterschiedlichen Farben zu sehen. Diese farbigen Lichter zeigen Veränderungen in Ihrem Energiefeld an – Veränderungen, die schließlich den Keim eines Falun entstehen lassen.

Xiao-fo ist der Mittelweg zwischen der langjährigen strengen Kultivierung und dem Einsetzen des Falun durch einen Meister.

Vorübung 1

Sie sitzen mit geschlossenen Augen bequem und mit geradem Rücken. Atmen Sie ruhig und entspannt. Versuchen Sie nun, mit Ihrem Himmelsauge eine Kugel aus weißem Licht an Ihrem Scheitel entstehen zu sehen. Wenn Sie einatmen, geben Sie dieser Lichtkugel helle Energie, beim Ausatmen geben Sie dunkle Energie ab, so dass der weiße Lichtball immer heller wird.

Nach neunmaligem Ein- und Ausatmen lassen Sie den Lichtball tiefer bis in Ihre Brustmitte sinken. Das Licht nimmt dabei eine rote Farbe an. Wiederum geben Sie dem Lichtball beim Einatmen reine Lebensenergie, während Sie beim Ausatmen »Unreinheiten« abgeben. Wiederum lassen Sie nach neun Atemrunden die Lichtkugel weiter sinken, bis sie eine Handbreit unterhalb des Nabels angelangt ist. Die Farbe des Lichts geht über in ein strahlendes Himmelblau. Beim Einatmen verstärken Sie das blaue Licht, beim Ausatmen klären Sie das Licht. Schon wenn Sie diese Übung das erste Mal machen, werden Sie feststellen, dass Sie sich danach freier, leichter und wacher fühlen, obwohl Sie noch keine dauerhaften Veränderungen in Ihrem Energiefeld bewirkt haben.

Führen Sie die Übung im Folgenden so oft wie möglich durch. Wenn Sie schließlich so weit kommen, dass die Lichtkugeln ohne Anstrengung entstehen – das kann (in seltenen Fällen) schon am ersten Tag sein, meist dauert es jedoch ein bis zwei Wochen –, sind Sie bereit, zur folgenden Übung überzugehen.

Vorübung 2

Das Licht, das Sie nun mit Ihrem Himmelsauge wahrzunehmen versuchen sollen, hat eine andere Qualität. Es ist ein blendend heller Lichtpunkt, der erscheint, wenn Ihnen die Übung schließlich gelingt. »Blendend hell« ist wörtlich zu verstehen: Die Lichtpunkte sind von einer solchen Intensität, dass Sie beim ersten Mal unwillkürlich die Augen fester zusammenkneifen. (Natürlich besteht dabei keine Gefahr für Ihre Sehfähigkeit, da es ja nicht Ihre normalen Augen sind, die das Licht wahrnehmen, und das Himmelsauge auch durch ein noch so helles Licht nicht beschädigt werden kann.) Wie lange es dauert, bis Ihnen diese Übung gelingt, ist von der »Sehkraft« Ihres Himmelsauges abhängig. In der Regel dauert es etwa so lange, wie Sie für die erste Vorübung benötigt haben.

Auch diese Übung bedarf keiner besonderen Vorbereitung; es ist aber sinnvoll, sie dann durchzuführen, wenn Sie sich besonders wohl fühlen und Ihnen nicht zu viele Gedanken im Kopf herumgehen. Den meisten Menschen wird es abends, kurz vor dem Einschlafen, am leichtesten fallen. Schließen Sie die Augen. Sie sehen nun mit Ihrem inneren Auge, Ihrem Himmelsauge, entweder ein dunkles, nebliges Grau, Farben, ungeordnete Muster oder auch gegenständliche Bilder. Doch selbst wenn Sie ein beinahe gleichmäßiges Grau sehen, tauchen dann und wann leichte Farbtupfer auf. Konzentrieren Sie sich auf einen solchen Farbpunkt, und versuchen Sie, die Intensität der Farbe zu steigern.

Es gibt mehrere Techniken, um zu einem Lichtpunkt zu gelangen. Einigen Menschen wird vielleicht schon die Vorstellung genügen. Für die meisten ist es jedoch etwas schwieriger. Zwei Möglichkeiten haben sich als besonders gut erwiesen: Die eine besteht darin, sich eine beliebige Farbe, die vor dem Himmelsauge erscheint, zu suchen, sich darauf intensiv zu konzentrieren und die Farbe wie bei der ersten Vorübung mit der Atmung zu »verdichten«; die andere Möglichkeit besteht darin, in

Xiao-fo beruht auf der Fähigkeit des Himmelsauges, spirituelle Energie als strahlendes Licht wahrzunehmen und zu lenken.

einen solchen Farbfleck »hineinzufliegen«. Wahrscheinlich gelingt es Ihnen nicht beim ersten Mal, das strahlende Aufleuchten des Lichtpunktes zu erreichen. Doch Geduld gehört zu dieser Übung; geben Sie also nicht zu früh auf! Es wird vielleicht eine Weile dauern, doch plötzlich leuchtet der Farbpunkt, auf den Sie sich konzentrieren, hell auf!

Natürlich fragen Sie sich, wie Sie sich denn sicher sein können, dass Ihnen die Übung gelungen ist. Ist der Punkt wirklich leuchtend hell gewesen, oder war er es noch nicht? Doch glauben Sie mir: Wenn es Ihnen das erste Mal gelingt, einen strahlenden Lichtpunkt mit Ihrem Himmelsauge zu sehen, sind Sie sicher! Die Wahrnehmung unterscheidet sich deutlich von anderen vorgestellten Farbbildern. Es ist auch so, dass es – ganz unabhängig davon, welche Farbe das Licht hat – immer überwältigend schön wirkt. Ihre stärkste Empfindung beim Anblick eines strahlenden Lichtpunktes wird ein Staunen über die Schönheit und Klarheit der Farbe sein. Haben Sie ein wenig Geduld mit sich selbst. Nach einigen Tagen (wenn Sie jeden Abend vor dem Einschlafen fünf bis zehn Minuten üben) sollte Ihnen die Übung gelingen. Sie sind nun bereit, mit der eigentlichen Xiao-fo-Übung zu beginnen.

Die erste Wahrnehmung eines strahlenden Lichtpunktes ist ein schönes und beglückendes Erlebnis. Es ist der erste Schritt dahin, einen Falun-»Keim« zu setzen.

Die Xiao-fo-Technik

Mit der Xiao-fo-Technik setzen Sie einen konzentrierten Energieimpuls, der einen Energiewirbel oberhalb des Dan-tian-Feldes im Unterbauch auslöst, der den Keim eines Falun bildet.

Bei der vorangegangenen Übung haben Sie ja bereits die Erfahrung der strahlenden Lichtpunkte gemacht, und in der ersten Vorübung haben Sie bestimmte Farben ausgewählt und an bestimmte Stellen im Körper gelenkt. Im Prinzip verbindet die Xiao-fo-Technik nur die beiden Vorübungen. Die drei Farben, die Sie in der ersten Übung verwendet haben – Weiß, Rot und Himmelblau –, werden Sie auch hier erneut wieder einsetzen, jedoch nunmehr als hell strahlende Lichtpunkte, die Sie in Ihren Unterbauch, also genau an die Stelle, an der der Keim des Falun entsteht, lenken. Ihr Ziel in dieser Übung ist es, diese drei Farben hintereinander

Die Vorübungen sind wichtig für die spätere Kultivierung des Falun. Üben Sie so lange, bis Sie die Lichtkugel ohne Probleme vor Ihrem Himmelsauge sehen können.

für ein paar Sekunden aufleuchten zu lassen. Sie beginnen mit einem strahlenden weißen Lichtpunkt, der in der Höhe Ihres Scheitels entsteht, und leiten ihn ins Dan-tian. Dann lassen Sie ein rotes strahlendes Licht in Ihrem Herzen entstehen und leiten es wiederum ins Dan-tian. Schließlich folgt ein strahlendes himmelblaues Licht, das direkt im Dan-tian entsteht. Dies führen Sie neunmal durch.

Dann gehen Sie in umgekehrter Reihenfolge vor: Sie beginnen mit dem himmelblauen Lichtpunkt, lassen dann den roten bis zum Herzen aufsteigen und schließlich den weißen Punkt bis zu Ihrem Scheitel hinauf. Auch dies wiederholen Sie neunmal.

Wenn Ihnen dies schließlich gelungen ist, haben Sie den Keim eines Falun geschaffen! Dieses Falun dreht sich nun ohne Ihr weiteres Zutun ständig um die eigene Achse, versorgt Sie mit wertvoller Energie und schützt Sie vor negativen Einflüssen. Zunächst ist das Falun nur ein kleiner Keim, und Sie werden seine Wirkung vielleicht noch nicht so deutlich spüren können. Wenn Sie jedoch Ihr Herz kultivieren und die fünf Kultivierungsübungen des Falun Gong regelmäßig praktizieren, wird Ihr Falun ständig an Kraft gewinnen.

Durch die richtige Lenkung des blauen, roten und weißen strahlenden Lichtes entsteht der Keim eines Falun.

Geistige Kultivierung

Falun Gong hat zwei Aspekte, die zusammen ein Ganzes ergeben: die geistige Kultivierung – oder besser: die Kultivierung des Herzens – und die körperliche Kultivierung. Die körperliche Kultivierung findet durch Praktizieren der fünf Kultivierungsübungen statt (siehe Seite 54–91). Die Hauptsache im Falun Gong ist jedoch die geistige Kultivierung, die Kultivierung des Xin-Xing, der »Wesensnatur des Herzens«.

Die Kultivierung der Herzensnatur des Menschen folgt den folgenden drei Prinzipien: Wahrhaftigkeit, Mitgefühl und Nachsicht.

Xin-Xing

»Xin-Xing« ist der zentrale Begriff im Falun Gong. »Xin-Xing« wird meist mit »geistige Natur des Menschen« oder »seelische Haltung« umschrieben; das Zeichen »Xin« bedeutet jedoch eigentlich »Herz« – nicht nur das anatomische Organ, sondern auch den Sitz der Gefühle, die den Menschen erst zum wahren Menschen machen. Das Ziel eines jeden, der ein wahrer Schüler des Falun-Weges ist, besteht darin, sein Xin-Xing zu erhöhen und zu vervollkommnen. Dies geschieht durch das Kultivieren der drei großen Prinzipien Zhen (Wahrhaftigkeit), Shan (Mitgefühl) und Ren (Nachsicht) und letztendlich auch durch das Kultivieren des Ben-ti (des Leibes) mittels der fünf Kultivierungsübungen. Bevor wir auf die drei großen Prinzipien und die drei Hindernisse, die der Kultivierung entgegenstehen – Hass, Neid und Ichbezogenheit –, zu sprechen kommen, wollen wir noch ein wenig über die Grundlagen der Kultivierung sprechen, über die mancherlei Missverständnisse im Umlauf sind.

In China ist bekannt, dass durch das Praktizieren von gewissen Qi-Gong-Übungen Gong-neng entsteht. Unter Gong-neng versteht man besondere Fähigkeiten, die durch das Praktizieren hervorgerufen werden. Solche Fähigkeiten werden in der Öffentlichkeit häufig von Artisten und Wushu-Kämpfern zur Schau gestellt: Menschen mit starkem Gong-neng können beispielsweise Steine mit bloßen Händen zertrümmern, ihre

Haut für geschliffene Speerspitzen undurchdringlich machen oder lautlos über Reispapier gehen. Diese Fähigkeiten sind zwar sehr spektakulär, doch sie weisen keineswegs auf einen besonders hohen Kultivierungsgrad hin, wie staunende Zuschauer oft annehmen. Dieses Gong-neng ist durch das oberflächliche Lenken von Qi zustande gekommen – durch das langjährige Praktizieren vorwiegend äußerer Techniken. Dieses Gong-neng ist lediglich Technik.

Für die wahre Kultivierung ist jedoch die Höhe des Gong-li, der Kultivierungsenergie, von Bedeutung. Gong-li kann nicht durch rein körperliche Übungen entstehen, sondern entsteht bei der Kultivierung des Xin-Xing. Wenn Gong-li eine gewisse Ebene erreicht hat, macht sich das unter anderem auch in Gong-neng, also außergewöhnlichen Fähigkeiten, bemerkbar. Davon ist jedoch viel seltener zu hören, da Menschen mit hohem Gong-li keinen Wert darauf legen, ihre Fähigkeiten zur Schau zu stellen. Neben den spektakulären Fähigkeiten der Artisten erscheinen im Laufe der Kultivierung noch weitaus wunderbarere Kräfte. Wir halten es jedoch nicht für sinnvoll, weiter darüber zu sprechen.

Entscheidend ist, dass es für jemanden, der die wahre Kultivierung anstrebt, schädlich ist, sich auf die Erhöhung von Gong-neng zu konzentrieren oder gar seine Fähigkeiten zur Schau zu stellen. Der Wunsch, besondere Kräfte zu erlangen, ist Zeichen einer gewissen Unreife, die überwunden werden sollte.

Ganz ähnlich ist es mit den Heilkräften, deren sich einige Qi-Gong-Meister brüsten. Auch dabei handelt es sich nicht um Zeichen wahrer Kultivierung, sondern lediglich um Techniken, die das Qi lenken. Falun Gong strebt nicht danach. Es ist natürlich so, dass diese Kräfte im Laufe der Kultivierung auftreten, doch sie sind nicht das Eigentliche, und es ist ein Fehler, diese Kräfte besonders anzustreben.

Falun Gong dient in diesem Sinne auch nicht der Heilung. Die vollkommene Gesundheit, die sich bei der Kultivierung einstellt, geschieht einfach – sie ist nicht das Ziel! Daher sollte auch niemand, der unter einer Krankheit leidet, Falun Gong einzig zu dem Zweck praktizieren, gesund zu werden. Im Gegenteil: Das Anklammern an dieses Ziel verhindert nur das Erreichen dieses Zieles!

Gong-neng, die Entwicklung spektakulärer Fähigkeiten, darf nicht das Ziel eines Falun-Gong-Schülers sein. Nur Gong-li, die Kultivierungsenergie, ist wichtig.

39

Die drei Prinzipien

Wer sein Xin-Xing kultivieren will, kann dies nur erreichen, indem er die drei grundlegenden Prinzipien Zhen, Shan und Ren – Wahrhaftigkeit, Mitgefühl und Nachsicht – beachtet und pflegt. Über diese drei Prinzipien wollen wir nun sprechen.

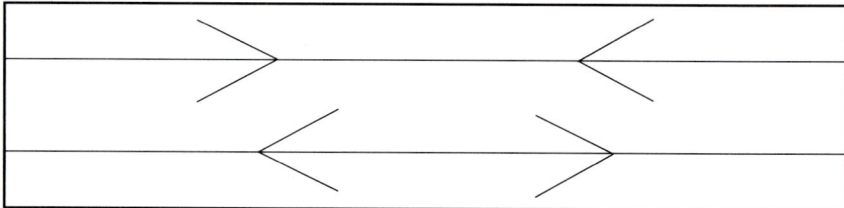

Die Ansicht, man könnte eine absolute Wahrheit erkennen, ist eine schädliche und gefährliche Illusion.

Zhen – Wahrhaftigkeit

Die Wahrhaftigkeit zu pflegen bedeutet mehr, als lediglich nicht zu lügen und nur die Wahrheit zu sprechen. Wer sich einmal wirklich in die Bedeutung des Begriffes der Wahrheit vertieft hat, wird erkannt haben, dass es so leicht nicht ist, die Wahrheit zu sagen. Auf den ersten Blick scheint es ja einfach: Wenn etwas wahr ist, ist es wahr. Etwas anderes ist unwahr. Doch ist es überhaupt nicht so leicht zu wissen, was denn nun wahr ist und was nicht. Die meisten Philosophen und auch die meisten Buddhisten und Taoisten würden sogar sagen, dass es vollends unmöglich ist. Wenn wir aber gar nicht wissen, was wahr ist, können wir auch nicht die Wahrheit sagen.

Vielleicht ist das noch zu unklar. Lassen Sie uns das doch eingehender betrachten. Zunächst einmal: Entspricht das, was Sie wahrnehmen, stets der Wahrheit? Auch wenn Sie das natürlich als die Regel annehmen, so gibt es doch offensichtlich Ausnahmen von dieser Regel. Ein ganz einfaches Beispiel sind die bekannten optischen Täuschungen.

Die obige Abbildung zeigt zwei Linien. Bei welcher dieser beiden Linien ist der Mittelteil zwischen den Pfeilen, die einmal nach außen und einmal nach innen weisen, länger – bei der oberen oder bei der unteren Linie? Sehen Sie genau hin, und sagen Sie die Wahrheit…

Wenn Sie gesunde Augen haben, erscheint Ihnen der Mittelteil der oberen Linie länger. Tatsächlich sind jedoch beide gleich lang! Dies war aber nur eine ganz einfache Wahrnehmung. Wenn es nun um soziale Wahrnehmungen, spirituelle Erkenntnisse, ästhetische Eindrücke geht, wird es natürlich nicht leichter, die »Wahrheit« zu benennen.

Was wir sehen, ist also nicht unbedingt die Wahrheit. Aber wenn wir das einmal außer Acht lassen: Auch was wir sagen, ist ja nicht unbedingt das, was der andere hört! Also selbst wenn das, was wir sagen, tatsächlich »die Wahrheit« ist, so ist deswegen das, was wir mitteilen, noch lange nicht dieselbe Wahrheit. Ein ganz einfaches Beispiel: Jemand, der Schnee und klirrenden Frost liebt, sagt jemandem, der die Wärme und das Meer mag, er habe im Urlaub wunderbares Wetter gehabt – man kann sich leicht denken, dass, obwohl er »die Wahrheit« sagte, eine völlig andere Vorstellung beim anderen entstanden sein wird. Diese lange Vorrede war nötig, um etwas Klarheit zu schaffen. Wenn wir glauben, die Wahrheit zu kennen, sind wir möglicherweise am weitesten von der Wahrheit entfernt. Wahrhaftigkeit bedeutet also nicht, selbstherrlich zu behaupten, man kenne die Wahrheit und sei ein so guter Mensch, dass man immer die

Wahrhaftigkeit zu üben bedeutet vor allem und zunächst einmal, sich selbst gegenüber aufrichtig zu sein. Für viele Menschen ist das ein Lernprozess.

Wahrhaftigkeit, Mitgefühl und Nachsicht – was könnte diese drei Eigenschaften besser symbolisieren als eine zarte Blüte?

41

Wahrheit sage – jeder, der diese Wahrheit nicht erkenne, sei eben dumm, nicht so weit auf dem Weg fortgeschritten oder verstockt. Wahrhaftigkeit zu pflegen heißt, sich selbst gegenüber aufrichtig zu sein, sich nicht zu verstellen und somit auch aufrichtig anderen gegenüber zu sein. Wahrhaftig zu sein heißt nicht etwa, und das sollte man sich immer vor Augen halten, nach außen hin »wirken zu wollen«, sondern einfach zu sein. Zhen, die Wahrhaftigkeit, ist das Hauptanliegen der Taoisten. Wahrhaftigkeit hat nichts mit moralisierender Pedanterie und dem Beharren auf der Wahrheit der eigenen Wahrnehmungsfähigkeiten zu tun, sondern ist ein Sichöffnen. Im Alltag dient die Wahrhaftigkeit auch dazu, sich nicht in Illusionen, Täuschungen und Selbsttäuschung zu verstricken. Das beginnt bei ganz einfachen Dingen. Die meisten Menschen neigen beispielsweise dazu, wenn sie etwas erzählen, dies ein wenig auszuschmücken und bunter zu gestalten. Das ist ja auch ganz verständlich; eine Begebenheit wirkt interessanter und findet aufmerksamere Zuhörer, wenn sie farbiger gemacht wird. Doch auch wenn dies dem Zeitvertreib der Zuhörer dient, so schadet es doch der Entwicklung des Xin-Xing des Erzählers. Indem er wirken will, will er sich selbst interessanter machen. Stellt der Zuhörer Fragen, müssen neue Dinge erdacht werden, und die Verstrickung in die Illusionen wird immer stärker, immer weiter entfernt sich der Erzähler von der Wahrhaftigkeit, immer mehr entfernt er sich von sich selbst.

Daher ist es so wichtig, wahrhaftig zu sein. Das Kultivieren der Wahrhaftigkeit ist essenziell für das Kultivieren der Herzensnatur.

Shan – Mitgefühl

Ohne Mitgefühl ist eine Kultivierung des Xin-Xing völlig unmöglich. Aber Mitgefühl ist nicht nach außen vorgeführte Barmherzigkeit, Spenden an wohltätige Organisationen, um sich von persönlicher Verpflichtung sozusagen »freizukaufen«. Wirkliches Mitgefühl bedarf der Achtsamkeit und der Bewusstheit über die eigenen Motive.

Die erste Kontrolle ist die eigene innere Stimme. Sobald diese Stimme sagt: »Ach, was bin ich doch für ein guter, barmherziger Mensch!«, handelt es sich nicht um eine Äußerung wirklichen Mitgefühls.

In vielen alltäglichen Situationen kann man Wahrhaftigkeit kultivieren, wenn man sich vor Selbstgerechtigkeit und Moralisieren hütet.

Wie schon mit der Wahrheit, so ist es auch mit dem Mitgefühl. Zunächst einmal erscheint es so einfach. Doch in Wirklichkeit stellt das Prinzip Shan den Praktizierenden vor eine große Entwicklungsaufgabe. Um Mitgefühl üben zu können, ist es zunächst einmal notwendig, wirklich mit anderen mitfühlen zu können.

Mitgefühl ist also nur möglich, wenn man nicht nur auf sich selbst konzentriert ist, sondern offen und aufmerksam den anderen gegenübertritt und von vermeintlichem, vorgefasstem Wissen Abstand nimmt. Der häufigste Fehler ist der der »Projektion« – die eigenen Gefühle werden unkritisch anderen zugeschrieben. Sehr oft ist das beispielsweise am Verhalten gegenüber Behinderten zu beobachten: Die meisten Behinderten werden bestätigen können, wie unangenehm ihnen von »Normalen« vorgeführtes Mitleid oft ist – solch falsches Mitgefühl erscheint eher als Herablassung und Erniedrigung. Wirkliches Mitgefühl besteht in diesen Fällen eher darin, nicht die Behinderung, sondern den Menschen zu sehen, der zwar in manchen Fällen physischer Hilfe bedarf, aber keineswegs eines herablassenden Bedauerns.

Mitgefühl heißt, den anderen zu achten. Dazu gehört auch, ihn nicht seiner Entwicklungsmöglichkeiten zu berauben. Es ist keineswegs ein Ausdruck wirklichen Mitgefühls, einem anderen jede Last und Herausforderung abzunehmen! Das wird oft von wohlmeinenden Menschen völlig vergessen. Es gibt Menschen, die ein sehr gutes Herz haben, aber sich auf den Irrweg begeben, jedem Menschen um jeden Preis, auch um den Preis der Selbstaufgabe unbedingt helfen zu müssen. Menschen, die unter einem solchen »Helferzwang« stehen, versuchen meist nur, dadurch ihrer eigenen inneren Leere zu entfliehen. Besser wäre es, sich zunächst einmal den eigenen Problemen zu stellen und dann, aufrichtig und mit ganzem Herzen, das Mitgefühl mit anderen zu kultivieren.

Ein weiterer Irrweg, der in der Geschichte oft schlimme Formen angenommen hat, besteht in krass übersteigertem Sendungsbewusstsein, gekoppelt mit Weltverbesserungsphantasien – die erstaunlicherweise jedoch nur selten, eigentlich nie dazu führen, dass sich auch nur das Geringste bei den Menschen in der allernächsten Umgebung des betreffenden Weltverbesserers zum Besseren wenden würde!

Mitgefühl ist mehr als äußerliche Barmherzigkeit und bedarf der Kultivierung des Einfühlungsvermögens und der Fähigkeit zum Zuhören.

43

Shan, wirkliches Mitgefühl, ist das Prinzip, von dem der Buddhismus durchdrungen ist. Buddha verkündete die Lehre von der Befreiung vom Leiden durch das Mitgefühl.

Das wahre Mitgefühl, das die Achtung vor dem anderen, aufrichtige Achtsamkeit und das Bewusstsein der eigenen Motive einschließt, ist eine der größten Kräfte und damit eines der drei Prinzipien, die für das Kultivieren des Xin-Xing unverzichtbar sind.

Ren – Nachsicht

> **Toleranz kann man nur an Dingen üben, die einen stören, und nicht an Dingen, die einem sowieso gleichgültig sind.**

Das dritte der drei Prinzipien ist Ren, die Nachsicht oder, um ein häufig missbrauchtes Wort zu verwenden, Toleranz. Es ist sehr wichtig zu verstehen, dass Toleranz nicht etwa dasselbe ist wie Gleichgültigkeit. Wenn mein Nachbar laute Musik hört, mich laute Musik jedoch nicht stört, bin ich nicht tolerant – es ist mir gleichgültig oder vielleicht sogar lieb. Erst wenn mich die Musik stört, kann ich Toleranz oder Nachsicht zeigen! Dasselbe gilt für Weltanschauungen und Religionen. Heute gibt es viele Menschen, deren Sinn für Spiritualität in ihrem Leben nie entwickelt wurde. Diese Menschen halten sich oft für besonders tolerant; sie haben wenig Verständnis für sehr religiöse Menschen, die ständig versuchen, andere zu missionieren, und verlangen von diesen »mehr Toleranz«. Das ist doch erstaunlich – gerade dort, wo sie Nachsicht zeigen könnten, lehnen sie dies strikt ab und geben sich sehr intolerant.

Natürlich ist ein Missionierungsdrang auch kein Ausdruck von Toleranz und nicht gerade ein Zeichen tiefer Einsicht, und natürlich kann er auch recht lästig sein. Doch kann man nicht gerade deshalb erst Nachsicht zeigen? Nachsicht erfordert als Voraussetzung etwas Einfühlungsvermögen und die Fähigkeit, seine Ichbezogenheit ein wenig zurückzustellen. Dann wird man leicht erkennen, dass andere Menschen auch nur versuchen, das zu tun, was ihnen am besten erscheint. Wenn beispielsweise ein streng gläubiger Christ davon überzeugt ist, dass jeder, der nicht auch seinen Glauben hat, einer ewigen Verdammnis anheim fällt – ist es dann nicht ein Zeichen seines guten Herzens, wenn er versucht, andere Menschen davor zu bewahren? Wäre es nicht ein Zeichen von Gleichgültigkeit und keineswegs Toleranz, davon abzusehen, andere zu missionieren? Wenn man die gute Absicht sieht, ist es leichter, nachsichtig zu sein. Natürlich ist es in manchen Fällen schwer, eine gute Absicht zu erkennen. Aber könnte das nicht auch am eigenen Einsichtsvermögen liegen? Der zweite wichtige Aspekt von Ren ist das Vergeben und Verzeihen. Würden Sie gerne jemandem, der Sie sehr verletzt hat, Ihr Leben lang einen großen Sack mit schweren Steinen hinterhertragen? Natürlich ist das eine absurde Vorstellung – und doch tun so viele Menschen genau das: Sie tragen jenen, die ihnen Schaden zugefügt haben, etwas nach! Nachtragend zu sein heißt also nichts anderes, als etwas Sinnloses zu tun. Befreien Sie sich von dieser Last!

Erlittenes Unrecht zu vergeben und zu verzeihen ist viel leichter, als nicht zu verzeihen. Indem Sie Menschen, denen Sie etwas nachtragen, verzeihen, legen Sie eine große Last ab. Befreien Sie sich noch heute von solchen Lasten, und vergeben Sie jenen, die Ihnen Unrecht getan haben. Wer wirklich nachsichtig gegenüber den tatsächlichen oder scheinbaren Schwächen seiner Mitmenschen ist und denen, die einem Unrecht tun, vergibt, wird die Welt mit anderen Augen sehen, nämlich mit den Augen des Herzens. Deshalb ist Ren, Nachsicht, eine der drei großen Kräfte, die dazu beitragen, Xin-Xing zu kultivieren.

Verzeihen ist viel leichter als Nichtverzeihen. Jemandem etwas nachtragen bedeutet, eine große unnötige Last mit sich herumzuschleppen.

Nachsicht und Toleranz sind in China besondere Tugenden. Diese Werte werden bereits den kleinen Kindern vermittelt.

Die drei Hindernisse

Eigentlich ist mit den drei Prinzipien alles gesagt, was wichtig für die Verstärkung des Xin-Xing, der Herzenskraft, ist. Doch um noch ein wenig mehr Klarheit zu schaffen, sollen im Folgenden auch kurz die drei wichtigsten Hindernisse auf dem Weg beschrieben werden: Hass, Neid und Ichbezogenheit. In der buddhistischen Lehre tauchen die drei Hindernisse, in ähnlicher Form, als die »drei Fehler« auf: Aggression, Begierde und Unwissenheit (Illusion).

Hass

Hass kann niemals Leid verringern, sondern kann es nur vermehren – und ein Leid kann nie ein anderes aufheben.

Wie zerstörerisch Hass wirkt, hören wir leider jeden Tag. Kriege, Gewaltverbrechen und andere Gräuel scheinen zum Alltag zu gehören. Und ein Übel gebiert das andere – ein Mensch ermordet einen anderen, und schon erheben sich hasserfüllte Stimmen, die nach Rache schreien und nun wiederum den Mörder töten wollen.

Rachegefühle sind natürlich der Ausdruck eines tiefen Schmerzes und verständlich. Doch wem schadet denn der Hass? Wird der Mörder hingerichtet, ist dann das Leid, das er verursacht hat, aus der Welt geschafft? Sind durch den Tod des Mörders die Angehörigen des Opfers glücklichere Menschen geworden? Wohl kaum. Indes leiden nun auch noch die Angehörigen des Mörders – man mag diesen mit Recht als bösen Menschen bezeichnen, doch wenn er gestorben ist, leiden nicht seine Mutter, seine Kinder mehr unter seinem Tod als er selbst? Kann denn überhaupt, und das ist der eigentliche Punkt, ein Leiden ein anderes aufheben?

Indem wir hassen, vergiften wir unsere Seele und erzeugen wiederum Hass. Das gilt schon in jeder Alltagssituation. Wenn wir einem unangenehmen Kollegen mit Abneigung begegnen, wenn wir über den aggressiven Autofahrer schimpfen, wenn wir Menschen mit einer bestimmten politischen Meinung oder Weltanschauung verachten – stets schaden wir uns selbst. Beobachten Sie sich selbst: Wann immer Sie Gefühle wie Wut, Hass, Aggression und Abneigung in sich spüren, besinnen Sie sich. Achten Sie darauf, wie diese Gefühle in Ihnen entstehen und wie sie wieder vergehen, wenn Sie sie nicht pflegen.

Neid

Es gibt Menschen, die haben sehr gute Anlagen, haben ein offenes Herz für ihre Mitmenschen, haben sich zum größten Teil von Aggressionen und Begierden getrennt – und doch kennen sie dieses Gefühl: Neid. Sie sehen, dass ein anderer mehr hat, beliebter ist, mehr Talente aufweisen kann oder mehr Erfolg verzeichnet. Und dann neiden sie dem anderen seinen Erfolg, seine Talente, seine Anerkennung oder seine materiellen Güter. Warum hat er das und ich nicht? Ich bin doch genauso viel wert wie dieser Mensch – vielleicht sogar mehr!

Durch Neid kann man sich nicht nur die Stimmung verderben, sondern man wird durch Neidgefühle das Wachstum seines Xin-Xing völlig blockieren. Neid weist darauf hin, dass in den Tiefen des Bewusstseins noch einiges in Unordnung ist und von negativen Kräften beherrscht wird. Es ist sehr wichtig, daran zu arbeiten, auch wenn Neid zunächst nicht schlimm erscheint. Neid ist nämlich der Keim von Aggression, Gier und Eigensucht – Neid erleichtert es den negativen Kräften, Fuß zu fassen. Wie unnötig und hinderlich Neid doch ist! Jeder, der in irgendeiner Hinsicht weiter ist als man selbst, ist doch ein Grund zur Freude!

Neid führt zu Aggression, Gier und schlechter Laune. Ist es nicht besser, wenn man sich diejenigen, die man beneidet, als Vorbild nimmt?

Neid ist eines der großen Hindernisse, die sich die Menschen in ihrer Entwicklung in den eigenen Weg stellen können. Jeder kann lernen, dass es viel einfacher ist, ohne Neid auf andere zu leben.

Menschen, die noch mitunter von Neid beherrscht werden, ist dieser Gedanke vielleicht fremd; ein anderer Aspekt wird jedoch jedem einleuchten: Jeder, der weiter ist als man selbst, kann als Modell und Vorbild dienen und damit zu einer großen Hilfe und Motivation auf dem eigenen Weg werden.

Wenn Sie glückliche, erfolgreiche, talentierte, weise Menschen sehen und dabei andere Gefühle als Freude, Bewunderung und Zustimmung in Ihnen hochkommen, sollten Sie diesen Gefühlen nachgehen und an ihren Wurzeln arbeiten. Beobachten Sie, was Sie davon abhält, Freude statt Neid zu empfinden.

Jeder ist sich natürlich selbst der Nächste. Doch man kann sehr viel gewinnen, wenn man die Grenzen der Ichbezogenheit überschreitet.

Ichbezogenheit

Das größte Hindernis auf dem Weg ist die Ichbezogenheit oder, wie es Meister Li nennt, der Eigensinn. Es ist für den Falun-Praktizierenden von höchster Wichtigkeit, diese allmählich abzubauen. Ichbezogenheit bedeutet, die Dinge ausschließlich von seiner eigenen Warte aus zu sehen. Nun ist es so, dass es in gewisser Weise gar nicht anders möglich ist, als sich selbst im Mittelpunkt zu sehen – denn das ist ja das Ich: das Zentrum der eigenen Welt. Natürlich kann jeder nur sehen, was er selbst sehen kann. Das heißt jedoch eben nicht, dass er sich ständig auf diesen begrenzten Ausschnitt des Ganzen beziehen muss.

Im vollen Bewusstsein dessen, dass das Ich nur ein kleiner Teil der Wirklichkeit ist, geben wir eine Beschränkung auf, die uns in unserer Entwicklung behindert und verhindert, dass unser Xin-Xing auf eine höhere Ebene gelangt.

Vielleicht ist bisher der Eindruck entstanden, dass wir von Egoismus« sprechen. Nun, Egoismus ist natürlich ein Aspekt der Ichbezogenheit, doch Ichbezogenheit umfasst mehr als Egoismus. Auch ein Mensch, der nicht im Geringsten egoistisch ist, kann doch sehr ichbezogen sein. Ichbezogenheit drückt sich vor allem in Meinungen aus, dem Wunsch, andere von seinen Meinungen zu überzeugen, und dem illusionären Wissen, dass man selbst »im Recht« ist. Ichbezogenheit zeigt sich auch in der Unfähigkeit, Leiden und Schmerzen gelassen zu ertragen, in Kritiksucht und dem Wunsch, zu jedem Thema das letzte Wort zu behalten.

48

Mandalas gibt es nicht nur als Gemälde oder Ornamente. Dieses Kunstwerk ist ein buddhistisches Opfer-Mandala.

Die Ichbezogenheit ist deshalb ein so großes Hindernis, weil sie so schwer zu erkennen, bis zu einem gewissen Grad natürlich und deshalb auch so schwer zu vermeiden ist. Der Schlüssel zur Überwindung ist »Wu-wei«. »Wu-wei« heißt in etwa »Nicht-Handeln« oder »Nicht-Tun«. Es wäre aber falsch zu meinen, Wu-wei bedeute, nicht zu handeln oder nichts zu tun – es geht nur darum, nicht ichbezogen zu handeln, sich dem natürlichen Lauf der Dinge nicht mit seinem Ich zu widersetzen, sich nicht in Handlungen zu verstricken, deren Folgen nicht absehbar sind.

Beginnen Sie damit, Ihre Ichbezogenheit ohne Ängstlichkeit vor der eigenen Konsequenz allmählich abzulegen, und üben Sie sich an alltäglichen Dingen. Fragen Sie sich: Ist es wirklich notwendig, dass ich meine Meinung zu diesem oder jenem abgebe? Muss ich tatsächlich über jeden kleinen Schmerz, den ich spüre, klagen? Ist es nicht Anmaßung, meine Kollegen oder Familienmitglieder ständig zu belehren? Stellen Sie sich diese Fragen aber nicht verbissen, und üben Sie auch an sich selbst Ren, Nachsicht. Auch eine solche Verbissenheit ist eine Form der Ichbezogenheit. Überwinden Sie Ihre Ichbezogenheit mit einem Lächeln.

Oft ist es gar nicht so wichtig, seine Meinung zu allem und jedem abzugeben. Zuhören wäre oft erhellender.

Körperliche Kultivierung

Im Falun Gong herrscht der Grundsatz, dass Geist und Körper stets gemeinsam kultiviert werden sollten. Die Erhöhung des Xin-Xing, der geistig-seelischen Natur des Menschen, steht im Zentrum, doch ohne die Kultivierung des Körpers wird auch der Kultivierung des Xin-Xing eine Grenze gesetzt, die nur sehr schwer zu überwinden ist. Die körperliche Kultivierung dient also letztendlich der Kultivierung des Xin-Xing. Natürlich hat auch die körperliche Kultivierung für sich genommen allerlei Vorzüge, die ja auch von anderen Schulen des Qi Gong bekannt sind: Der Körper wird flexibler und leistungsfähiger, wirkt jugendlicher und ist weniger krankheitsanfällig. Darüber hinaus sind die körperlichen Kultivierungsübungen des Falun Gong jedoch besonders wirksam, nicht nur was die genannten Aspekte betrifft: Die fünf im Folgenden beschriebenen Übungen versorgen vor allem das Falun mit Energie und ermöglichen damit eine besonders schnelle körperlich-seelische Entwicklung der Übenden.

Einige Besonderheiten der körperlichen Übungen im Falun Gong machen deutlich, weshalb diese Methode so ungewöhnlich und dabei doch für so viele Menschen geeignet ist.

Zum Ersten ist keine besondere Vorbereitung oder das Beachten von Regeln, wie Uhrzeit, Himmelsrichtung, Üben in Abgeschiedenheit usw., nötig oder auch nur wünschenswert – Falun Gong ist ein Weg der Kultivierung in der Gesellschaft der Menschen, wie wir sie vorfinden. Das heißt: Sie sollten nicht für absolute Stille beim Üben sorgen, können die Übungen jederzeit durchführen, können sie an einer beliebigen Stelle abbrechen, wenn es Ihr Alltagsleben erfordert, und müssen keinerlei festgelegte Rituale durchgehen.

Zum Zweiten werden im Falun Gong keine Atemkontrolle, keine bewusste Energielenkung und keine Visualisierungen angewendet – das

> **Die körperliche Kultivierung im Falun Gong dient vor allem dazu, die geistige Kultivierung des Herzens zu unterstützen.**

Falun sorgt für die rechte Verteilung und Umwandlung der Energie. Somit sind auch keine Fehler und keine Überlastungen möglich, die Ihnen schaden könnten.

Drittens wird im Falun Gong, im Gegensatz zu den meisten anderen Schulen, großer Wert auf die Kultivierung des Zhu-Yishi, des Hauptbewusstseins, gelegt. Deshalb ist im Falun Gong auch nicht erwünscht, dass der Übende in Trance kommt.

Viertens haben die Übungen des Falun Gong die einmalige Besonderheit, dass alle Meridiane gleichmäßig und gleichzeitig geöffnet werden. Was dies bedeutet, sollte nicht durch letzten Endes unzureichende Worte beschrieben, sondern vom Übenden selbst erfahren werden.

Es gibt Menschen, die die körperlichen Übungen praktizieren möchten, ohne gleichzeitig die geistig-seelische Kultivierung des Xin-Xing zu betreiben. Natürlich können sie dies tun. Doch können sie damit nicht dieselben Wirkungen erreichen! Ja selbst wenn sie ihr Xin-Xing nur kultivieren möchten, um von den körperlichen oder gesundheitlichen Wirkungen des Falun Gong zu profitieren, sind sie auf einem Weg, der in die Irre führt. Die fünf Kultivierungsübungen sind ein Teil des Kultivierungsweges des Falun Gong – ihren Sinn erhalten sie erst im Zusammenhang mit der geistig-seelischen Kultivierung.

Ohne die Kultivierung des Xin-Xing sind selbst die großartigen Übungen des Falun Gong nicht viel mehr als Gymnastik.

Auf den folgenden Seiten werden Sie die körperlichen Kultivierungsübungen des Falun Gong kennen lernen – ein weiterer wichtiger Schritt auf dem Weg zur »Kultivierung des Herzens«.

51

Hinweise für Übende

Beim Üben sollten die Augen stets geschlossen bleiben. Das ist in vielerlei Hinsicht äußerst sinnvoll und wichtig. Zum einen schützt das Schließen der Augen den Übenden vor Ablenkungen von außen, die niemals vollständig zu vermeiden sind, wenn die Augen offen sind. Zum anderen ermöglicht das Ausschließen der äußeren Sicht die Entwicklung der inneren Sicht. Wenn Sie die Übungen erlernen, ist es natürlich sinnvoll, die Augen zunächst geöffnet zu halten, um Ihre Bewegungen zu kontrollieren. Sobald Sie sich jedoch eine Bewegung eingeprägt haben, sollten Sie die Augen schließen. Nur so werden die Übungen wirksam. Denken Sie daran, dass Sie sich bei den Übungen stets Ihrer selbst voll bewusst sind, nicht träumen, nicht an Alltagsgeschäfte denken und nicht in einen Trancezustand kommen. Es geht darum, Ihr Hauptbewusstsein aufrechtzuerhalten.

> **Auch wenn Sie während der Übungen die Augen schließen, sollten Sie unbedingt vermeiden, ins Träumen zu geraten!**

Wichtig ist beim Üben das Schließen eines inneren Energiekreislaufes, indem die Zunge den Gaumen berührt. Diese »Brücke« muss ständig bestehen bleiben; sonst wird der Energiekreislauf unterbrochen, und die Übung verliert ihre Wirkung. Der Mund bleibt dabei ganz entspannt. Die Lippen berühren sich leicht, die Zähne hingegen nicht. All das dient dazu, Verspannungen zu vermeiden und den Fluss der Energie durch die Meridiane aufrechtzuerhalten.

Die Lotos-Hand

Während der Übungen werden die Hände die meiste Zeit über in einer besonderen Stellung gehalten: der Lotos-Hand. Dabei liegen Handrücken, kleiner, Ring- und Zeigefinger in einer Ebene. Der Mittelfinger liegt ein wenig unterhalb dieser Ebene. Erstaunlicherweise finden viele Menschen es zunächst ein wenig schwierig, diese Handhaltung einzunehmen. Und doch ist diese Haltung vollkommen natürlich und entspricht den anatomischen Gegebenheiten: In dieser Haltung sind die Sehnen der Finger gleichmäßig gespannt. Wenn Sie Schwierigkeiten haben, geben Sie einfach Ihr übermäßiges Bemühen auf, entspannen Sie Ihre Hand – und Sie werden feststellen,

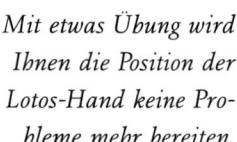

Mit etwas Übung wird Ihnen die Position der Lotos-Hand keine Probleme mehr bereiten.

dass Ihre Finger wie von selbst die Lotos-Haltung annehmen! Zeigefinger und Daumen bilden das so genannte Tigermaul: Stellen Sie sich vor, Sie hielten einen Tennisball – dann stimmt die Haltung ungefähr. Das Wichtigste ist, dass Sie sich bei dieser Haltung nicht verkrampfen. Wenn die Hand verkrampft ist, wird der Energiefluss gehemmt; die entspannte Lotos-Hand ermöglicht das optimale Fließen der Energie.

Der Kleine Kreis

Eine weitere wichtige Handstellung, die immer am Anfang und am Ende jeder Übung steht (mit Ausnahme der fünften Übung), ist der Kleine Kreis.

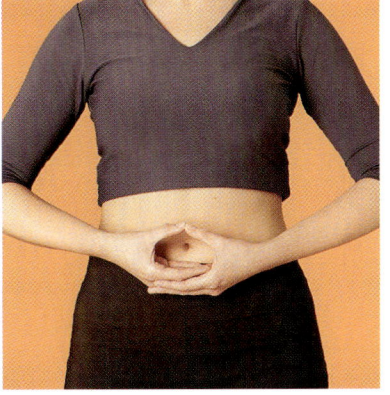

Der Kleine Kreis wird von Männern und Frauen unterschiedlich gebildet: Bei Männern liegt die linke Hand über der rechten, bei Frauen die rechte über der linken. Die Finger liegen aneinander, und die Finger der oberen Hand liegen auf den Fingern der unteren; die Daumen berühren sich an den Fingerspitzen. Die Hände werden vor dem unteren Bauch gehalten, so dass die Daumen oberhalb, die anderen Finger unterhalb des Nabels liegen.

Männer und Frauen führen diese Übung seitenverkehrt durch!

Wichtig ist nicht zuletzt die Haltung der Arme: Ziehen Sie die Ellbogen leicht nach vorne und oben. Dadurch öffnen sich die Achselhöhlen – auch das dient der Verbesserung des Energieflusses.

Der Buddha-Gruß

Eine dritte Handhaltung ist von besonderer Bedeutung für die körperlichen Übungen des Falun Gong: der Buddha-Gruß. Beim Buddha-Gruß liegen die Hände mit den Handflächen aneinander, so dass die Finger nach oben weisen. Dabei berühren sich jedoch die Handmitten nicht; nur Finger, Handkanten und Handballen sind in Kontakt miteinander, in der Mitte bleibt ein Hohlraum. Die Hände werden beim Buddha-Gruß in Brusthöhe gehalten. Die Unterarme bilden eine Linie – dabei wird auch die Öffnung der Achselhöhlen bewahrt.

Der Buddha-Gruß schließt viele der Übungen ab.

53

Die Übungen

Im Folgenden werden die fünf Kultivierungsübungen genau beschrieben. Folgen Sie genau den Anleitungen, aber hören Sie dabei auch auf Ihren Körper! Mit Worten können Bewegungen nur grob beschrieben werden – die eigene Achtsamkeit ist stets wichtig. Alle Bewegungen sollten natürlich und fließend geübt werden.

Übung 1: Das Aufschließen der Meridiane

> Körper und Geist werden eins,
> Bewegung und Stille im Wechselspiel,
> halte den Himmel hoch, das Bewusstsein wach,
> und öffne dich der Weisheit des Buddha.

Die erste Kultivierungsübung öffnet sämtliche Energiebahnen. Diese Öffnung können Sie als angenehmes warmes Gefühl wahrnehmen.

Diese Übung ist die grundlegende körperliche Übung des Falun Gong. Sie sorgt dafür, dass der Übende in kurzer Zeit große Fortschritte machen kann und viel Energie aufnimmt. Die neu aufgenommene zusammen mit der bereits vorhandenen Lebensenergie des Übenden wird in starke Bewegung versetzt und sorgt dafür, dass sich die Meridiane aufschließen, also durchlässiger für die Energie werden. Es sind jedoch nicht nur die bekannten Hauptmeridiane, die aufgeschlossen werden, sondern ebenso die vielen hundert feinen Meridiane, die im indischen Yoga als Nadis bekannt sind. Dem Übenden wird das »Aufschließen der Meridiane« als ein angenehmes Wärmegefühl im ganzen Körper und ein Gefühl der Gelassenheit bewusst. Nach der Übung wird man sich energiegeladener und gleichzeitig ruhiger fühlen.

Trotz der starken Wirkung dieser Übung ist sie sehr einfach durchzuführen und auch für ältere und wenig gelenkige Menschen geeignet. Mit dem »Aufschließen der Meridiane« sollte jede Übungsfolge begonnen werden. Die Übung dauert etwa zwei bis drei Minuten.

Versuchen Sie, wenn Sie mit der ersten Übung beginnen, Ihren Körper in eine allgemeine Entspannung zu versetzen, und achten Sie darauf, dass Sie die Augen geschlossen halten und sich die Zahnreihen nicht berühren (Abb. 1). ▶

Alle Bewegungen sollten ruhig und fließend ablaufen. Üben Sie so lange, bis Sie sich nicht mehr auf die einzelnen Bewegungen konzentrieren müssen.

1. Der Kleine Kreis

Stellen Sie die Füße etwa schulterbreit auseinander, und beugen Sie leicht die Knie, so dass der Rücken gerade wird. Nehmen Sie das Kinn etwas zurück, damit sich auch die Halswirbelsäule aufrichtet. In dieser Haltung stehen Sie ganz entspannt. Denken Sie daran, dass die Augen geschlossen werden sollten und dass die Zunge den Gaumen berührt. Die beiden Zahnreihen beißen nicht aufeinander (Abb. 1). In dieser Stellung bleiben Sie einige Atemzüge lang. Dann heben Sie langsam die Hände und führen sie zum Kleinen Kreis (siehe Seite 53) zusammen. Denken Sie dabei möglichst daran, dass Sie die Achselhöhlen offen halten.

2. Der Buddha streckt sich

Ziehen Sie nun langsam beide Hände nach oben. Die Hände bleiben dabei zunächst in der Haltung des Kleinen Kreises. Erst wenn die Hände auf der Höhe des Kopfes angelangt sind, öffnen Sie den Kleinen Kreis.

◀ *Sobald die Hände über dem Scheitel sind, führen Sie sie zur Lotos-Haltung zusammen (Abb. 2).*

◀ *Um die Himmelsenergie aufzunehmen, lösen Sie die Körperspannung mit einem Mal (Abb. 3).*

Dann beginnen Sie, die Handflächen nach oben zu drehen. Gleichzeitig heben Sie die Hände weiter. Sobald sich die Hände über dem Scheitel befinden, zeigen die beiden Handflächen nach oben. Die Fingerspitzen der beiden Hände weisen dabei zueinander. Erheben Sie sich auf die Fußballen. Die Hände nehmen nun die Lotos-Haltung ein (Abb. 2). Ohne Unterbrechung heben Sie die Hände weiter an, bis die Arme gestreckt sind. Die Fingerspitzen sind etwas weniger als schulterbreit voneinander entfernt. Nun drücken Sie mit den Handballen nach oben. Sie strecken Ihren ganzen Körper und halten die Streckung einige Sekunden lang.

Bauen Sie die Spannung bei den Streckungen langsam auf, halten Sie sie einige Sekunden, und lösen Sie sie dann schlagartig.

3. Die Himmelsenergie aufnehmen

Dann lösen Sie die Spannung mit einem Mal. Die Füße stehen nun wieder mit der gesamten Fußsohle auf dem Boden, und die Knie sind leicht gebeugt (Abb. 3). Die Arme folgen der Abwärtsbewegung und werden locker, sind aber weiterhin über dem Kopf. Gleichzeitig mit dem Lösen

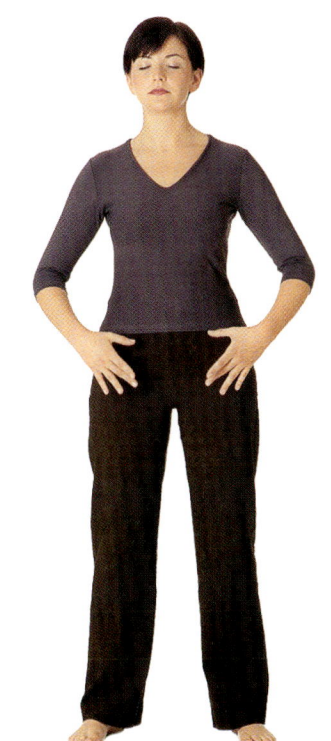

Denken Sie bei der Abwärtsbewegung bitte daran, dass Sie die Arme nicht in den Achselhöhlen zusammenkneifen und die Arme zwar dicht am Körper entlanglaufen, diesen aber nicht berühren (Abb. 4). ▶

Bleiben Sie immer mit Ihrer Aufmerksamkeit bei der Übung. Nehmen Sie Ihren Körper genau wahr, und versuchen Sie, unnötige Spannungen zu lösen.

der Spannung in den Armen drehen sich die Hände derart, dass die Finger nun nach außen und ein wenig nach hinten und oben weisen. Die Hände sind dabei leicht gegen die Oberseite der Unterarme angewinkelt, so dass sie eine Art Trichter bilden. Nun führen Sie die Hände nach unten und bis auf etwa zehn Zentimeter gegeneinander.

Dabei bringen Sie Hände und Unterarme in eine Linie. Die Abwärtsbewegung wird so lange fortgeführt, bis die Hände vor dem Unterbauch liegen, die Finger nach unten und etwas nach innen weisen. Die Daumenwurzeln befinden sich in Nabelhöhe. Die Hände werden möglichst nah am Körper geführt – ohne ihn zu berühren. Denken Sie daran, dass Sie die Ellbogen stets nach oben ziehen, damit die Achseln offen bleiben (Abb. 4)! Bei der Bewegung der Hände von oben nach unten weisen die beiden Handflächen zunächst zueinander. Wenn sie dann in Kopfhöhe angelangt sind, drehen Sie ganz allmählich die Hände; wenn sich die Hände unterhalb des Kopfes befinden, zeigen die Handflächen zum

◀ *Der Buddha-Gruß be-schließt die Übung »Die Himmelsenergie aufneh-men« (Abb. 5).*

◀ *Bitte beachten Sie: Diese Übung wird von Männern und Frauen unterschiedlich durchge-führt. Frauen haben die rechte Hand oben, Män-ner die linke (Abb. 6).*

Körper. Die Hände vor dem Unterbauch werden nun so gedreht, dass die Handrücken zueinander weisen. Ziehen Sie die Hände vor dem Körper nach oben, bis die Gelenke auf Kinnhöhe angelangt sind. Senken Sie sie wieder, lassen Sie die Fingerspitzen jedoch an ihrer Position. Führen Sie die Hände zum Buddha-Gruß (siehe Seite 53) zusammen (Abb. 5).

4. Zum Himmel und zur Erde weisen

Bei einigen Übungen unterscheidet sich die Haltung bei Männern und Frauen, da Männer mehr Yang- und Frauen mehr Yin-Energie besitzen.

Lösen Sie die Hände voneinander, und drehen Sie sie so, dass die Hand-fläche der einen Hand nach oben, die der anderen nach unten weist und die Handflächen in geringem Abstand zueinander zeigen (Abb. 6). Wel-che Hand oben und welche unten ist, hängt vom Geschlecht ab: Bei Männern kommt die linke Hand nach oben, bei Frauen die rechte. Der weitere Verlauf ist also bei Männern und Frauen seitenverkehrt. Führen Sie nun die obere Hand schräg nach außen und oben. Der Arm ist zur Sei-te gestreckt; Oberarm, Unterarm und Hand befinden sich in einer Linie.

58

Auch während Sie die Hand zur Seite strecken, bleiben die Augen geschlossen (Abb. 7). ▶

Nachdem Sie die Übung auch zur anderen Seite gemacht haben, beenden Sie diesen Übungsabschnitt mit dem Buddha-Gruß (Abb. 8). ▶

Die Hand liegt in Kopfhöhe, und die Handfläche weist nach unten. Die andere Hand bleibt vor der Brust. Gleichzeitig mit der Bewegung des Armes erheben Sie sich auf die Fußballen, strecken Ihren ganzen Körper. Die Hand vor der Brust ziehen Sie zur Seite, so dass auch diese Körperseite gestreckt wird. Dabei bleibt die Hand weiterhin in Brusthöhe. Halten Sie die Streckung einige Sekunden lang (Abb. 7). Dann lösen Sie die Spannung mit einem Mal. Kehren Sie mit gleichmäßiger Bewegung zum Buddha-Gruß zurück. Wiederholen Sie den gesamten Ablauf seitenverkehrt: Männer drehen die rechte Hand nach oben, Frauen die linke. Der Übungsabschnitt endet mit dem Buddha-Gruß (Abb. 8).

5. Die Flügel ausbreiten

Sie trennen nun die Hände wieder – ohne sie sinken zu lassen – und führen sie zur Seite. Dabei drehen Sie die Handflächen nach unten und bringen Handrücken und Unterarm auf eine Ebene.

Immer wenn Sie zum Buddha-Gruß zurückkehren, sammeln Sie Energie. Atmen Sie aus, während Sie die gefalteten Hände leicht nach unten ziehen.

Bitte achten Sie bei der Übung »Die Flügel ausbreiten« darauf, dass die Arme eine Linie bilden und sich im rechten Winkel zum Brustkorb befinden (Abb. 9). ▶

Wenn die Spannung gelöst ist, bewegen Sie die Arme schräg vor den Körper, geben dabei auf die Fußspitzen und strecken den Kopf nach oben (Abb. 10). ▶

Die Bewegung ist eine Streckung im Ellbogengelenk, bis Unterarme und Oberarme eine Linie bilden. Dann übernimmt das Schultergelenk den Bewegungsimpuls, bis schließlich beide Arme und die Schultern in einer Linie liegen. Ist diese Position erreicht, strecken Sie den ganzen Körper, drücken mit dem Kopf nach oben und erheben sich dabei auf die Fußballen. Dabei strecken Sie Ihre beiden Arme zur Seite (Abb. 9). Diese Streckung halten Sie einige Sekunden und lösen sie dann schlagartig, entspannen den Körper und kehren wieder zum Buddha-Gruß zurück.

Wenn es Ihnen schwer fällt, ohne zu schwanken mit geschlossenen Augen auf den Fußballen zu stehen, können Sie das gesondert üben.

6. Die Drachen stoßen hinab

Sie lösen die Hände wieder voneinander, lassen sie ein wenig sinken und drehen dabei die Handflächen nach unten. Strecken Sie die Arme, bis sie parallel zueinander sind und schräg nach vorne unten, auf einen ein bis zwei Meter entfernten Punkt weisen. Strecken Sie nun wieder Ihren ganzen Körper: Sie erheben sich auf die Fußballen, der Kopf drückt nach

Bevor Sie die Übung »Der Erwachte hält die Lotosblüte« mit dem Buddha-Gruß been- den, führen Sie die Hände schräg nach unten zur Seite. Dabei gehen Sie wieder auf die Fußspitzen, strecken den Kopf nach oben und halten natürlich die Augen ge- schlossen (Abb. 11). ▶

Die Arme sollten während keiner Übung den Körper berühren, da dann Energie verloren geht und die Wir- kung der Übung verringert wird.

oben, und die Arme strecken Sie schräg nach vorne (Abb. 10). Halten Sie die Streckung wieder einige Sekunden, und lösen Sie sie mit einem Mal. Die Hände führen Sie dabei wieder zum Buddha-Gruß zusammen.

7. Der Erwachte hält die Lotosblüte

Sie lösen nun beide Hände aus dem Buddha-Gruß, lassen sie gleichmäßig sinken und drehen bei dieser Bewegung die Handflächen nach unten. Strecken Sie die Arme, und führen Sie sie zur Seite, bis Körper und Arme in einer Ebene liegen. Die Finger weisen an beiden Seiten schräg nach unten, auf zwei vorgestellte Punkte, die etwa ein bis zwei Meter zu Ihrer Seite liegen. Strecken Sie nun wieder Ihren Körper, erheben Sie sich auf die Fußballen, drücken Sie den Kopf nach oben, und strecken Sie die Arme schräg nach unten zur Seite. Halten Sie die Streckung eini- ge Sekunden lang, und lösen Sie die Spannung dann wieder mit einem Mal (Abb. 11). Führen Sie die Hände zum Buddha-Gruß zusammen.

◄ *Führen Sie nun die Handflächen wieder nach unten, und zwar hinter den Körper (Abb. 12).*

Wenn die Arme wieder vor dem Körper sind, bringen Sie sie in einen Winkel von 45 Grad. Halten Sie die Spannung einige Sekunden, und beenden Sie die Übung mit dem Buddha-Gruß (Abb. 13). ►

Anfangs sollten Sie bewusst ein wenig von den beschriebenen Stellungen abweichen, damit Sie spüren lernen, warum eine Stellung so und nicht anders aussehen muss.

8. Der Erleuchtete trägt den Berg

Trennen Sie die Hände, lassen Sie sie sinken, und drehen Sie die Handflächen nach unten. Handrücken und Unterarme liegen auf einer Ebene. Strecken Sie die Arme, und führen Sie sie an den Seiten vorbei hinter den Körper. Die Arme berühren den Körper nicht, und die Achselhöhlen bleiben offen (Abb. 12). Wenn die Finger nach unten weisen, zeigen die Handflächen nach hinten. Die Bewegung wird weitergeführt, die Hände heben sich etwas schneller als die Arme, so dass ein Winkel zwischen Handflächen und Unterarmen entsteht. Die Bewegung der Arme endet, wenn die Handflächen direkt nach oben weisen. Die Arme stehen nun in einem Winkel von 45 Grad zum Körper und die Handflächen in demselben Winkel zu den Armen (Abb. 13). Sie strecken den Körper, erheben sich auf die Fußballen, drücken den Kopf nach oben und strecken die Arme nach hinten. Halten Sie die Streckung, und lösen Sie sie mit einem Mal. Führen Sie die Hände wieder zum Buddha-Gruß zusammen.

◄ *Wenn Sie die Arme nach vorne führen, um den »Berg zu schieben«, strecken Sie sich nach oben (Abb. 14).*

Beenden Sie die Übung wieder mit dem Buddha-Gruß (Abb. 15). ►

9. Der Wächter schiebt den Berg

Lösen Sie den Buddha-Gruß, und drehen Sie dabei die Handflächen nach vorn. Die Finger weisen immer noch nach oben. Strecken Sie nun die Arme nach vorne. Dabei heben sich die Finger, bis die Arme parallel zum Boden stehen (Abb. 14). Sie strecken nun wieder Ihren ganzen Körper, erheben sich auf die Fußballen, drücken den Kopf nach oben und schieben mit Ihren Handflächen nach vorn. Halten Sie die Spannung einige Sekunden, und lösen Sie die Spannung mit einem Mal. Die Hände führen Sie dabei zum Buddha-Gruß zusammen (Abb. 15).

10. Das Dan-tian wärmen

Lösen Sie Ihre beiden Hände voneinander, und lassen Sie sie ruhig und kontrolliert sinken. Dabei drehen Sie die Handflächen allmählich zum Körper. Während der Abwärtsbewegung beginnen sich die Hände zu überkreuzen. Männer kreuzen die rechte Hand über der linken, Frauen

Wenn Sie die Hände aus dem Buddha-Gruß lösen, bewegen Sie zunächst die Handballen voneinander weg. Erst zuletzt lösen sich die Fingerkuppen voneinander.

◀ Bitte beachten Sie: Auch diese Übung wird von Frauen und Männern seitenverkehrt durchgeführt. Frauen kreuzen die linke Hand über der rechten, Männer die rechte über der linken (Abb. 16).

Beenden Sie die erste Kultivierungsübung »Das Aufschließen der Meridiane« mit dem Kleinen Kreis (siehe Seite 53; Abb. 17). ▶

Jede Übung endet so, wie die nächste beginnt. (Nur die fünfte Kultivierungsübung beginnt im Sitzen.) Sie können also ohne Unterbrechung die Übungsfolge fortführen.

die linke über der rechten. Die Bewegung kommt an dem Punkt zur Ruhe, wenn die Hände vor dem Dan-tian, dem Energiezentrum im Unterbauch, gekreuzt sind. Die Hände sind in dieser Position nur zwei bis drei Zentimeter voneinander entfernt, und die untere Hand liegt in derselben Entfernung vor dem Dan-tian (Abb. 16). Die Wirbelsäule richten Sie auf, indem Sie in die Knie sinken und so das Becken kippen. Nehmen Sie den Kopf etwas zurück, um auch die Halswirbelsäule zu entspannen. Achten Sie jedoch darauf, dass beide Achselhöhlen offen bleiben. Halten Sie diese Position je nach Kondition ein bis zwei Minuten.

11. Der Kleine Kreis

Die Übung »Aufschließen der Meridiane« wird mit der Anfangshaltung des Kleinen Kreises beendet (Abb. 17). Halten Sie diese Position einige Sekunden lang, und schließen Sie die Übung bewusst ab. Dann erst öffnen Sie die Augen oder fahren mit der nächsten Übung fort.

Übung 2: Die Rad-Stellungen

> Die Einsicht und die Kraft erhöhen,
> das Herz wird groß und leicht der Leib,
> das Nicht-Fassbare erfassen,
> so zeigt das Falun dir den Weg.

Die Rad-Stellungen beinhalten nur sehr wenig Bewegung. Und doch ist diese Übung durchaus schwieriger als die erste – Sie sollten möglichst schon etwas Erfahrung mit dem »Aufschließen der Meridiane« gemacht haben, bevor Sie sich an die Rad-Stellungen wagen. Es wird dann auch viel einfacher für Sie sein.

Die Schwierigkeit der Rad-Stellungen liegt natürlich nicht in der Bewegung, da ja kaum Bewegungen vorkommen. Die Schwierigkeit besteht darin, dass die einzelnen Stellungen möglichst lange gehalten werden sollen. Wenn Sie eine Weile stehen, werden Ihre Arme zu schmerzen beginnen, und Sie werden sicherlich den Wunsch verspüren, die Übung zu beenden; genau das aber sollten Sie nicht tun! Es ist gerade der Sinn der Rad-Stellungen, diese Schmerzen einerseits zu ertragen und auf diese Weise den Willen und damit den Geist zu stärken, andererseits zu lernen, überflüssige Anspannungen, die den größten Teil der Schmerzen verursachen, loszulassen.

Bei der zweiten Kultivierungsübung kann der Übende lernen, seine Ich-bezogenheit zu überwinden, indem er nicht sofort aufgibt, wenn die Übung anstrengend wird.

Möglicherweise werden nach einer gewissen Zeit Ihre Arme ein wenig zu zittern beginnen. Kleine Bewegungen der Arme während dieser Übung sind unvermeidlich – aber Sie sollten auf alle Fälle versuchen, möglichst ruhig zu stehen.

Wenn Sie die Übung richtig ausführen, werden Sie nach der Übung ein starkes und angenehmes Gefühl der Entspannung, Leichtigkeit und Ruhe wahrnehmen können.

Die Übungsdauer wird sich bei den Rad-Stellungen mit zunehmender Kultivierung beständig erhöhen. Anfangs werden Sie vielleicht nur fünf bis zehn Minuten üben, später eine Stunde oder länger. Haben Sie also Geduld; mit der Übung erhöht sich die Ausdauer!

Die zweite Übung beginnt mit genau der gleichen Position, mit der die erste (siehe Seite 64 rechts) beendet wird (Abb. 1). ▶

Führen Sie im zweiten Schritt »Das Rad vor den Kopf halten« die Arme nur so weit nach oben, bis sie sich knapp über Augenhöhe befinden; der Abstand zwischen den Armen beträgt in etwa Kopfbreite (Abb. 2). ▶

Es ist sehr wichtig, die Arme bei den Rad-Haltungen weder anzuwinkeln noch zu strecken. Stellen Sie sich vor, Sie umfassten ein großes Rad.

1. Der Kleine Kreis

Wenn Sie Ihre Übungszeit mit dieser Übung beginnen, stellen Sie die Füße etwa schulterbreit auseinander, und gehen Sie leicht in die Knie, so dass der Rücken gerade wird. Nehmen Sie das Kinn etwas zurück. Die Wirbelsäule ist nun in der natürlichsten Position, und Sie stehen ganz entspannt. In dieser Stellung bleiben Sie einige Atemzüge lang. Dann heben Sie langsam die Hände und führen sie zum Kleinen Kreis (siehe Seite 53) zusammen. Vergessen Sie dabei nicht, ihre Achselhöhlen möglichst offen zu halten.

Natürlich können Sie wahlweise auch direkt nach der letzten Position der ersten Übung, die dieser Position ganz genau entspricht, fortfahren (Abb. 1).

Denken Sie daran, dass die Augen geschlossen sind und die Zunge den Gaumen berührt, damit der Energiekreislauf nicht unterbrochen wird. Die beiden Zahnreihen beißen nicht aufeinander.

◄ Im dritten Schritt »Das Rad vor den Bauch halten« führen Sie die Hände auf die Höhe des Dan-tian. Dabei weisen die Handflächen nach oben und leicht nach innen (Abb. 3).

Im vierten Schritt »Das Rad über den Kopf halten« führen Sie die Hände bis über den Kopf hinaus. Versuchen Sie trotz der Anstrengung, eine gewisse Entspannung beizubehalten (Abb. 4). ►

2. Das Rad vor dem Kopf halten

Lösen Sie die Hände aus der Haltung des Kleinen Kreises, und führen Sie sie langsam ein wenig nach außen und oben. Dabei drehen sich die Hände ganz allmählich zum Körper. Arme und Hände bilden dabei ein Rad – die Haltung sieht dann so aus, als ob Sie einen großen Luftballon in den Armen hielten.

Die Arme werden so weit gehoben, bis die Hände etwas über Augenhöhe sind. Der Abstand zwischen den Fingern entspricht in etwa der Kopfbreite (Abb. 2).

Versuchen Sie, sich in dieser Haltung so weit wie möglich zu entspannen und zu ergründen, wie Sie das unangenehme Ziehen in der Muskulatur vermeiden können, ohne die Haltung aufzugeben. Bleiben Sie so lange Sie können in der Haltung. Anfangs genügen jedoch ein bis zwei Minuten. Mit der Zeit werden sich die Anspannungen, die für das unangenehme Gefühl verantwortlich sind, lösen.

Die Rad-Haltungen helfen Ihnen, die Ichbezogenheit aufzugeben: Wenn die Muskeln zu schmerzen beginnen, sollten Sie das nicht so wichtig nehmen und versuchen, nicht zu früh aufgeben.

Im fünften Schritt »Das Rad an den Seiten halten« gehen die Arme an die Seite. Die Bewegung geht dabei von den Schultern aus (Abb. 5). ▶

Wärmen Sie das Dan-tian, indem Sie die Hände vor dem Bauch überkreuzen. Frauen legen die linke über die rechte Hand, Männer die rechte über die linke (Abb. 6). Beschließen Sie die zweite Übung »Die Rad-Stellungen« mit dem Kleinen Kreis. ▶

3. Das Rad vor den Bauch halten

Senken Sie langsam die Arme. Die Senkbewegung kommt aus den Schultern. Arme und Hände bilden weiterhin das Rad. Die Bewegung kommt zur Ruhe, wenn die Hände auf der Höhe des Dan-tian angelangt sind. Da sich die Haltung von Armen und Händen nicht verändert hat, weisen die Handflächen nach oben und leicht nach innen (Abb. 3). Nun versuchen Sie wieder, sich zu entspannen und eventuell auftretende Schmerzen durch bewusstes Lösen von Verspannungen abzustellen. Auch wenn es zuerst etwas unbequem sein sollte: Verlassen Sie die Haltung nicht zu schnell. Sie sollten anfangs zumindest eine Minute aushalten.

Zwischen den Rad-Haltungen darf die Spannung nicht mit einem Mal losgelassen werden. Die Bewegung zur nächsten Haltung muss langsam und fließend erfolgen.

4. Das Rad über den Kopf halten

Heben Sie nun langsam wieder Ihre Arme. Die Bewegung erfolgt ausschließlich aus den Schultern und setzt sich bis über den Kopf fort. Wenn die Hände über Kopfhöhe kommen, werden Sie einen leichten

Widerstand in den Schultern spüren können. Geben Sie diesem Widerstand nach, indem Sie den Abstand der Hände voneinander ein wenig vergrößern (Abb. 4). Versuchen Sie, sich in dieser Position so gut, wie es schon möglich ist, zu entspannen, und lösen Sie nach und nach die Verspannungen.

5. Das Rad an den Seiten halten

Senken Sie langsam die Arme – so, als ob Sie mit den Händen an einem Rad hinabgleiten würden. Wiederum geht die Bewegung nur von den Schultern aus. Diesmal ändert sich jedoch die Position der Arme zueinander. Die Bewegung kommt zur Ruhe, wenn die Handflächen den Ohren gegenüberstehen (Abb. 5).
Entspannen Sie sich, so gut Sie können, und lösen Sie eventuell auftretende Verspannungen.

6. Das Dan-tian wärmen

Lassen Sie nun die Hände ruhig sinken, und bringen Sie sie vor den Körper. Dabei drehen sich die beiden Handflächen zum Körper, so dass sich die Hände schließlich überkreuzen. Dabei gilt wiederum folgende Regel: Männer kreuzen die rechte Hand über der linken, Frauen die linke über der rechten (Abb. 6).
Die Bewegung endet mit überkreuzten Händen vor dem Dan-tian. Die Hände sind zwei bis drei Zentimeter voneinander entfernt, und die untere Hand liegt in derselben Entfernung vor dem Dan-tian. Sinken Sie danach ein wenig in die Knie, und entspannen Sie sich, so gut Sie können. Achten Sie darauf, dass die Achselhöhlen offen bleiben. Halten Sie diese Position für ein bis zwei Minuten.

7. Der Kleine Kreis

Die »Rad-Stellungen« enden wieder, wie die meisten anderen Übungen, mit dem Kleinen Kreis. Halten Sie diese Position einige Sekunden lang, und schließen Sie die Übung bewusst ab. Dann öffnen Sie die Augen oder, wenn es Ihnen lieber ist, fahren mit der nächsten Übung – »Yin und Yang verbinden« – fort.

Wenn die Hände vor dem Dan-tian, einige Zentimeter unterhalb des Nabels, stehen, dürfen sie sich nicht gegenseitig und nicht den Körper berühren.

Übung 3: Yin und Yang verbinden

> Leib und Herz sind rein,
> die Füße verwurzelt im Grund,
> mitfühlend das Herz und kraftvoll die Seele,
> verbinden sich Himmel und Erde.

In der dritten Kultivierungsübung wird der Körper von allen negativen Energien gereinigt.

Diese Übung bringt wiederum große Fortschritte mit sich. »Yin und Yang verbinden« hat zwei Hauptaufgaben: die Reinigung des energetischen Körpers des Übenden und das Öffnen besonderer Energiepunkte im Scheitel und in den Füßen. Die Energie im Körper des Übenden wird bei der Übung mit der universellen Lebensenergie vermischt und in starke Bewegung versetzt. Wenn die Übung richtig durchgeführt wird, öffnen sich dabei ein Kanal im Scheitel des Übenden und ein weiterer Energiekanal in seinen Fußsohlen. Durch diese Kanäle wird die Energie während der Übung in starkem Maße ausgestoßen und umgekehrt auch wieder aufgenommen. Dabei wird das gesamte Energiesystem des Körpers gereinigt, und zusätzlich wird ein besonderer Energiemechanismus, Ji, gestärkt. Es ist sehr wichtig, dass Sie die Bewegungen in dieser Übung möglichst symmetrisch (also auf beiden Seiten gleich) ausführen und möglichst wenig von Ihrer Willenskraft Gebrauch machen, da die Übung sonst wirkungslos bleibt. Auch wenn neun Wiederholungen gefordert sind, sollten Sie, sobald Sie ein wenig Erfahrung mit der Übung haben, nicht mitzählen – Sie sollten dahin gelangen, zu spüren, wann die Bewegung endet. (Das bedeutet nicht etwa, dass es nicht wichtig wäre, die Bewegungen genau neunmal zu wiederholen! Die genaue Zahl ist von größter Wichtigkeit.) Nach dieser Übung wird Ihre Wahrnehmungsfähigkeit auf einer höheren Ebene wirksam werden.

1. Der Kleine Kreis

Steht diese Übung am Anfang Ihres Übungsprogramms, nehmen Sie wieder die gewohnte Ausgangsstellung ein: Die Füße stehen etwa schulterbreit auseinander, und Ihre Knie sind leicht gebeugt, der Kopf wird

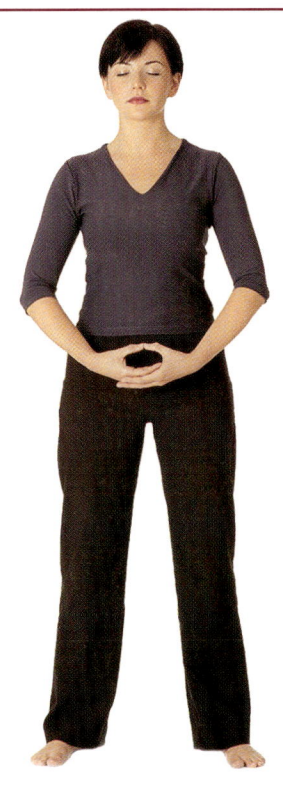

◀ Auch die dritte Übung »Yin und Yang verbinden« beginnt mit dem Kleinen Kreis, so wie die zweite Übung geendet hat (Abb. 1).

Führen Sie die Hände mit den Handflächen zueinander bis auf Kinnhöhe und danach langsam und mit fließenden Bewegungen in den Buddha-Gruß (Abb. 2). ▶

ein wenig nach hinten genommen. Sie stehen ganz entspannt. In dieser Stellung bleiben Sie einige Atemzüge lang. Dann heben Sie langsam die Hände und führen sie zum Kleinen Kreis (siehe Seite 53) zusammen. Sie können aber auch direkt nach der letzten Position der ersten oder zweiten Übung fortfahren (Abb. 1).

2. Himmel und Erde verbinden

Lösen Sie die Hände aus der Position des Kleinen Kreises. Die Hände drehen nun derart, dass die Handrücken zueinander weisen. Ziehen Sie die Hände vor dem Körper so weit nach oben, bis die Handgelenke auf Kinnhöhe sind (Abb. 2). Sogleich senken Sie die Handgelenke wieder, lassen jedoch die Fingerspitzen an ihrer Position. Führen Sie die Hände zum Buddha-Gruß zusammen. Gleich darauf lösen Sie Ihre beiden Hände wieder voneinander und drehen sie ganz allmählich zum Körper. Gleichzeitig führen Sie nun eine Hand (Männer die linke, Frauen die

Der Übergang vom Kleinen Kreis zum Buddha-Gruß ist eine ohne Unterbrechung fließende Bewegung. Beim Heben der Hände atmen Sie ein, beim Buddha-Gruß atmen Sie aus.

71

◄ *Nun geht die eine Hand nach oben, die andere nach unten. Bei Frauen führt die rechte Hand nach oben, bei Männern die linke (Abb. 3).*

◄ *Im dritten Schritt »Die Kraft des Himmels sammeln« führen Sie auch die zweite Hand nach oben. Die Handflächen weisen dabei zueinander (Abb. 4).*

Die Handbewegungen sollten so koordiniert sein, dass die Hände gleichzeitig in ihrer Endposition angelangen.

rechte) vor der Brust, dann vor dem Kopf schräg nach oben. Die andere Hand sinkt währenddessen vor den Bauch, dann vor den Unterbauch schräg nach unten (Abb. 3). Schließlich weist eine Hand direkt nach oben, die andere direkt nach unten. Die Handfläche der oberen Hand steht parallel zum Ohr, die untere Handfläche zeigt zur Vorderseite des Oberschenkels. Ohne zum Stillstand zu kommen, senken Sie nun die obere Hand und heben die untere, bis die beiden Hände schließlich ihre Positionen vertauscht haben. Diesen Wechsel führen Sie neunmal durch.

3. Die Kraft des Himmels sammeln

Am Ende des vorhergehenden Übungsteils ist dieselbe Hand erhoben, die Sie zuerst gehoben haben – also bei Männern die linke und bei Frauen die rechte. Diese Hand bleibt in dieser Position, und Sie heben nun auch die andere Hand. Beide Hände sind nun über dem Kopf; die Handflächen weisen zueinander (Abb. 4). Führen Sie nun beide Hände vor

72

◀ Führen Sie die Hände in einer langsamen fließenden Bewegung nach unten, bis sie sich auf Höhe der Oberschenkel befinden (Abb. 5).

Nachdem Sie den dritten Schritt neunmal durchgeführt haben, senken Sie die Hände wieder bis vor das Dan-tian (Abb. 6). ▶

dem Körper nach unten. Dabei nähern sich die Hände einander an, bis sie sich vor der Brust beinahe berühren. Dabei drehen sich die Handflächen zum Körper. Die Abwärtsbewegung führen Sie ohne Unterbrechung weiter, wobei sich die Hände nun allmählich wieder voneinander entfernen. Schließlich befinden sich beide Hände vor den Oberschenkeln. Die Finger weisen leicht nach innen (Abb. 5). Sogleich heben Sie in der Umkehrung der gerade ausgeführten Bewegung wieder beide Hände über den Kopf und drehen die Handflächen dabei zueinander. Dieses Heben und Senken führen Sie neunmal durch.

4. Das Falun drehen

Führen Sie nun beide Hände allmählich wieder nach unten – im Gegensatz zu vorher bewegen sich die Hände jedoch nicht aufeinander zu, und die Abwärtsbewegung geht nicht weiter als bis in die Höhe des Dan-tian (Abb. 6). Führen Sie nun mit beiden Händen Drehbewegungen im Uhr-

Die angegebene Anzahl der Wiederholungen eines Bewegungsablaufes ist unbedingt einzuhalten: Es dürfen weder mehr noch weniger Wiederholungen sein!

73

◀ *Bewegen Sie die Hände auf einer Kreisbahn zwischen Magengrube und Schambein im Uhrzeigersinn. Beachten Sie bitte auch hier, dass Frauen und Männer seitenverkehrt üben (siehe unten; Abb. 7).*

◀ *Beschließen Sie die dritte Kultivierungsübung »Yin und Yang verbinden« mit der Position des Kleinen Kreises (Abb. 8).*

zeigersinn vor dem Körper aus. Das heißt: Die linke Hand bewegt sich zunächst nach oben und rechts, dann nach unten und links, während die rechte Hand erst nach links unten und dann nach rechts oben dreht. Natürlich überschneiden sich dabei die Hände so, dass sich eine Hand näher am Körper befindet: bei Männern die linke, bei Frauen die rechte Hand. Das klingt schwerer, als es ist. Beide Hände bewegen sich auf einem Kreis und stehen sich auf dieser Kreisbahn stets gegenüber (Abb. 7). Der Kreis liegt zwischen Magengrube und Schambein. Der Abstand zwischen den Händen sowie zwischen unterer und oberer Hand beträgt etwa zwei Fingerbreit. Drehen Sie das Falun neunmal.

Wenn Sie das Falun drehend ausführen, achten Sie darauf, ob Sie gleichzeitig mit der Bewegung der Hände die Bewegung des Falun im Unterbauch spüren können.

5. Der Kleine Kreis

»Yin und Yang verbinden« endet, indem Sie die Hände wieder in die Position des Kleinen Kreises bringen. Halten Sie diese Position einige Sekunden lang, und schließen Sie die Übung bewusst ab (Abb. 8).

Übung 4: Der Falun-Himmelskreis

> Schritt für Schritt zum Unfassbaren getragen,
> mit jadereinem Herzen,
> zurück zum Tao, zurück zur Wahrheit,
> nach oben schwebend.

Die taoistischen Qi-Gong-Meister kennen eine Übung, die im Allgemeinen als »Großer Himmelskreis« bezeichnet wird. In dieser taoistischen Übung werden einige Meridiane geöffnet, und die Energie innerhalb dieser Meridiane wird bewegt. Der »Falun-Himmelskreis« ähnelt der taoistischen Form ein wenig, führt jedoch wesentlich weiter – bereits in der ersten Übung sind ja alle Energiebahnen (und nicht nur die Hauptmeridiane) aufgeschlossen worden! Diese Übung ist in gewisser Weise die Fortsetzung der ersten.

Hier werden nun sämtliche Energien im Körper des Übenden in produktive Bewegung gebracht, so dass die Lebensenergie, das Qi, völlig frei fließen kann.

Übende, die auf dieser Stufe üben, sollten möglichst schon so weit fortgeschritten sein, dass sie die Bewegung der Energie in ihrem Körper gut spüren können und von den Energiemechanismen ihres Körpers bei der Übung geführt werden. Es schadet zwar nicht im Geringsten, die Übung schon früher einzuüben; ihre volle Wirkung kann sich dann aber noch nicht entfalten.

Bei der Übung werden Sie sich nach vorn beugen und dabei in die Hocke gehen. Das erfordert Gelenkigkeit und fällt älteren Menschen oder Personen mit Rückenbeschwerden nicht immer leicht. Für die weitere Entwicklung ist die Übung jedoch absolut notwendig. Das bedeutet allerdings nicht, dass Sie Ihrem Körper Gewalt antun sollen! Ganz im Gegenteil: Bei beständigem Üben und mit ständiger Achtsamkeit auf die Reaktionen Ihres Körpers wird sich Ihr Bewegungsspielraum automatisch erweitern, so dass Sie schließlich in der Lage sein werden, auch diese Übung korrekt auszuführen.

Die vierte Kultivierungsübung bringt die Energie innerhalb aller Meridiane in Bewegung und lässt sie frei fließen.

75

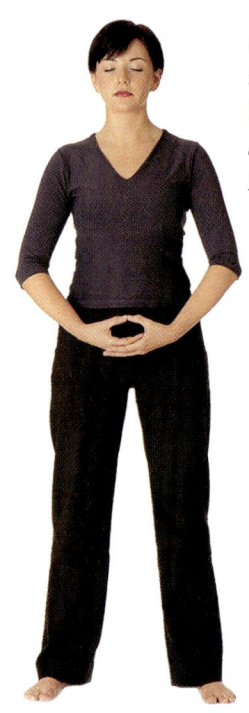

◄ Beginnen Sie auch diese Übung mit dem Kleinen Kreis (Abb. 1).

Führen Sie die Arme mit entspannten Handgelenken auf Kinnhöhe (Abb. 2). ►

Achten Sie beim Senken der Arme darauf, dass die Fingerspitzen an ihrer Position bleiben (Abb. 3). ►

Bei dieser Übung ist es ganz besonders wichtig, darauf zu achten, dass Sie den Energiefluss nicht blockieren: Halten Sie die Achselhöhlen offen, und bewahren Sie den Kontakt der Zunge mit dem Gaumen.

1. Der Kleine Kreis

Zu Beginn stehen Sie entspannt mit schulterbreit geöffneten Füßen und leicht gebeugten Knien. So bleiben Sie einige Atemzüge lang. Dann heben Sie langsam die Hände und führen sie zum Kleinen Kreis. Sie können diese Übung auch direkt als Fortsetzung einer anderen durchführen, da jede Übung, mit Ausnahme der fünften, mit dem Kleinen Kreis abschließt (Abb. 1). Denken Sie daran, dass die Zunge Kontakt mit dem Gaumen hält, dass die Augen geschlossen sind und die Achselhöhlen offen bleiben. Lösen Sie die Hände aus der Position des Kleinen Kreises, entspannen Sie die Handgelenke, und drehen Sie die Handflächen nach unten. Ziehen Sie die Hände mit den zueinander weisenden Handrücken nach oben, bis die Handgelenke auf Kinnhöhe sind (Abb. 2). Senken Sie die Handgelenke, die Fingerspitzen bleiben an ihrer Position, und führen Sie die Hände zum Buddha-Gruß (Abb. 3). Öffnen Sie die Hände, und drehen Sie sie so, dass die Handflächen zum Körper weisen.

◄ Bewegen Sie sich langsam und fließend nach unten (Abb. 4).

Beginnen Sie nun, die Hände langsam hinter dem Rücken wieder nach oben zu führen (Abb. 6). ►

◄ Führen Sie die Hände an der Außenseite der Fußgelenke weiter bis zur Ferse (Abb. 5).

2. Die Meridiane öffnen

Bewegen Sie die Hände in gleich bleibendem Abstand (etwa eine Handbreit) an der Körpervorderseite hinab. Die Hände drehen sich so, dass die Fingerspitzen nach unten weisen. Führen Sie die Hände über den Bauch, die Leisten, entlang der Innenseite der Ober- und Unterschenkel bis zu den Fußgelenken. Dabei gehen Sie gleichmäßig in die Knie und beugen sich leicht nach vorn. Achten Sie darauf, dass Ihre Lendenwirbelsäule bei dieser Bewegung gerade bleibt (Abb. 4). Sobald die Finger an den Fußgelenken angelangt sind, führen Sie Ihre Hände in einer kreisförmigen Bewegung über die Füße an die Außenseite der Fußgelenke und weiter bis zur Ferse (Abb. 5). Von dort aus geht die Bewegung langsam wieder nach oben. Führen Sie Ihre Hände entlang der Rückseite der Unter-, der Oberschenkel, über den Po und weiter den Rücken hinauf (Abb. 6). Wenn Ihre Hände beginnen, den Rücken hinaufzugleiten, drehen sich die Handflächen leicht nach oben. Gehen Sie den Rücken so weit hinauf,

Bei der Bewegung der Hände entlang dem Körper sollen die Hände den Körper nicht berühren und stets im gleichen Abstand zum Körper bleiben.

77

◄ Schließen Sie die Hände hinter dem Rücken zu lockeren Fäusten (Abb. 7).

Achtung: Diese Übung führen Frauen und Männer seitenverkehrt durch (Abb. 8). ▶

Führen Sie die Arme langsam bis auf Brusthöhe. Die Handflächen stehen sich dabei gegenüber (Abb. 9). ▶

Denken Sie daran, dass sich die Bewegung bei Männern und Frauen unterscheidet! Männer halten die Hände umgekehrt, wie auf dem Foto gezeigt.

wie Sie können. Sind Sie an dem Punkt angelangt, schließen Sie die Hände zu lockeren Fäusten (Abb. 7). Ziehen Sie diese möglichst nahe an den Achselhöhlen nach vorne. Führen Sie die rechte Faust zur linken Schulter und die linke Faust zur rechten Schulter. Dabei kreuzen sich die Arme vor der Brust. Ein Arm befindet sich dabei näher am Körper: bei Männern der linke, bei Frauen der rechte (Abb. 8). Öffnen Sie die Hände, und führen Sie sie über die Oberseite des gegenüberliegenden Armes – die Handfläche weist dabei stets zu dem Arm, über den sie gleitet. Sind die Hände über den Handgelenken angelangt, gleiten sie zur Innenseite des gegenüberliegenden Armes, bis sich die Handflächen vor der Brust gegenüberstehen (Abb. 9). Der Handrücken der inneren Hand (bei Männern, wie zuvor auch, der linke, bei Frauen der rechte) steht nun eine Handbreit entfernt direkt vor der Brust; ihm gegenüber steht die Handfläche der anderen Hand, die nun direkt zum Körper weist. Die Unterarme stehen parallel zum Boden. Stellen Sie sich vor, Sie hielten einen

Schließen Sie die Übung bewusst mit dem Kleinen Kreis ab (Abb. 12). ▶

◀ *Bewegen Sie die Arme langsam so weit nach oben, dass die Handflächen zum Hinterkopf zeigen (Abb. 10).*

◀ *Von dort aus ziehen Sie die Hände über das Gesicht nach vorne auf die Brust (Abb. 11).*

Tennisball zwischen den Handflächen. Diesen drehen Sie so, dass sich die äußere Hand zur Position der inneren bewegt und die innere in die Position der äußeren kommt. Führen Sie die Hände entlang der Unterseite der Unterarme, und heben Sie die Arme bis über den Kopf. Dort drehen Sie die Hände so, dass beide Handflächen zum Hinterkopf zeigen. Führen Sie die Hände übereinander hinweg nach außen, so dass sie sich nicht mehr kreuzen. Die Finger weisen jetzt nach unten (Abb. 10). Ziehen Sie Ihre Hände nach vorne, über das Gesicht bis vor die Brust. Die Hände befinden sich nun in derselben Position, die sie zu Beginn dieses Übungsteiles hatten (Abb. 11). Wiederholen Sie die Übung neunmal.

3. Der Kleine Kreis

Sie beenden den »Falun-Himmelskreis«, indem Sie die Hände vor das Dan-tian sinken lassen und zum Kleinen Kreis bringen. Halten Sie die Position kurz, und schließen Sie die Übung bewusst ab (Abb. 12).

Auch bei der Bewegung der Hände über und hinter dem Kopf sollten sich die Hände nicht berühren und möglichst immer denselben Abstand halten.

Übung 5: Die hohe Kraft verstärken

Mit Absicht, doch absichtslos,
die Dinge nehmen, wie sie kommen,
leer und doch nicht leer,
Bewegung und Ruhe sind eins.

»Die hohe Kraft verstärken« ist im Gegensatz zu den vorausgegangenen Übungen vor allem eine Meditationsübung. Sie dient der Entfaltung der enormen Kräfte, die in Ihnen schlummern.

»Meditation« bedeutet nicht etwa »Schlaf« oder »Trance« – ganz im Gegenteil! In der Meditation sollten Sie in einen Zustand vollkommener Wachheit und Bewusstheit gelangen, indem Ihre im Normalzustand ständig hin und her irrenden Gedanken zur Ruhe kommen.

Die fünfte Kultivierungsübung überschreitet die Grenze zwischen körperlicher und geistiger Kultivierung und verbindet beide Ebenen.

Meditation ist etwas ganz Normales: Kinder meditieren, wenn sie vollkommen in ihr Spiel versunken sind; man kann in einen Zustand der Meditation kommen, wenn man voller Ehrfurcht einen Sonnenuntergang betrachtet oder Musik hört. In der Meditation ist das Bewusstsein vollkommen im Jetzt.

Die Wirkungen der Übung sollten ganz bewusst nicht beschrieben werden, denn sie entziehen sich dem rein gedanklichen Verständnis. Zur Vervollkommnung Ihrer Fähigkeiten ist aber gerade diese Übung unbedingt notwendig.

Eine gewisse Schwierigkeit körperlicher Art besteht darin, dass die korrekte Durchführung der Übung eine besondere Sitzhaltung verlangt: den Lotos-Sitz. Gerade in westlichen Ländern, wo die Menschen durch das stundenlange Sitzen auf Stühlen ihre Beweglichkeit schnell verlieren, gibt es viele, denen der Lotos-Sitz körperlich unmöglich ist. Doch hier hilft nur beständiges Üben: Die vollständige Wirkung der Übung kann nur eintreten, wenn der Lotos-Sitz eingenommen wird. Das liegt daran, dass nur in dieser Haltung Fußsohlen, Handflächen und auch Scheitel – Orte, an denen besondere Ein- und Austrittsorte für die Energie liegen – zum Himmel weisen.

80

Im Folgenden werden der Lotos-Sitz und zwei andere Meditationshaltungen beschrieben. Auch wenn es zuerst unmöglich erscheint – Ruhe und Geduld können erlernt werden.

Meditative Sitzhaltungen

Die folgenden Haltungen sind bei der fünften Übung, »Die hohe Kraft verstärken«, möglich – allerdings ist nur der echte Lotos-Sitz ideal. Möglicherweise gelingt es Ihnen, ihn einzunehmen, doch es ist schmerzhaft, ihn über längere Zeit zu halten. Versuchen Sie, den Schmerz als Lehrmeister anzunehmen, anstatt ihm einfach auszuweichen. Es ist nicht sinnvoll, sich das Üben möglichst einfach zu machen: Denn das würde Ihnen am besten gelingen, wenn Sie gar nicht üben. Der Lotos-Sitz bringt große Vorteile, die Sie nicht leichtfertig aufgeben sollten!

Der Lotos-Sitz

Der Lotos-Sitz ist die ideale Meditationshaltung, die den meisten Meditationsschulen bekannt ist. Im Lotos-Sitz ist der Energiefluss ideal. Beim Lotos-Sitz kreuzen Sie die Beine; Männer legen dann den rechten Fuß auf den linken Oberschenkel und den linken Fuß auf den rechten Oberschenkel. Frauen machen es umgekehrt. In dieser Position ist es kaum möglich, die Wirbelsäule nicht gerade zu halten; außerdem ist sie äußerst stabil. Leider ist es auch die schwierigste Haltung. Zur Vorsicht sollten Sie Folgendes beherzigen: Ziehen Sie Ihre Beine nie mit grober Gewalt in die Lotos-Stellung hinein, da es sonst zu Knieverletzungen kommen kann. Nehmen Sie sich stattdessen einen genügend langen Zeitraum vor, in dem Sie die Flexibilität der Beine allmählich steigern, bis Sie den Sitz einnehmen können.

Lassen Sie sich genügend Zeit, den Lotos-Sitz zu erlernen.

Der halbe Lotos-Sitz

Der halbe Lotos fällt manchen Menschen leichter. Meist ist jedoch auch der vollständige Lotos-Sitz möglich, wenn der halbe Lotos möglich ist. Dann sollte in jedem Fall der vollständige Lotos-Sitz vorgezogen werden.

Der halbe Lotos-Sitz ist nur eine Vorübung. Wenn Ihnen der vollständige Lotos-Sitz tatsächlich auch mit viel Übung nicht möglich ist, sollten Sie im Fersensitz üben.

Der halbe Lotos ist eine geeignete Vorübung für den ganzen Lotos-Sitz.

Beim halben Lotos wird nur ein Fuß auf den Oberschenkel gelegt – bei Männern der linke Fuß auf den rechten Oberschenkel, bei Frauen der rechte Fuß auf den linken Oberschenkel. Der halbe Lotos sollte aber in der Regel nur eine Vorübung für den ganzen Lotos sein.

Die Meditation im Fersensitz

Diese Stellung verlangt nicht so große Flexibilität, ist jedoch auch stabil und führt nahezu von selbst dazu, dass die Wirbelsäule gerade gehalten wird. Der Fersensitz wird von den japanischen Zen-Buddhisten bevorzugt. Der einzige objektive Vorteil gegenüber dem Lotos besteht lediglich darin, dass aus dieser Haltung ein unmittelbares schnelles Aufstehen möglich ist, was für die Kampfkünste wichtig ist. Als Meditationshaltung ist der Fersensitz eine Alternative für Menschen, denen der Lotos-Sitz physisch unmöglich ist.

Es ist sehr einfach, diese Haltung einzunehmen. Fußrücken und Vorderseite der Unterschenkel liegen auf dem Boden, und man sitzt auf den Fersen. Die großen Zehen liegen dabei übereinander; bei Männern liegt der linke Zeh über dem rechten, bei Frauen der rechte über dem linken.

Der Fersensitz ist leichter durchzuführen als der Lotos-Sitz.

Eine Möglichkeit, diese Stellung noch weiter zu erleichtern, besteht darin, zwischen Fersen und Po ein Kissen zu legen oder auf einem Meditationshocker zu sitzen.

Neun von zehn Menschen können wenigstens den Fersensitz einnehmen. Nur dann, wenn Knie- oder Fußgelenke schwer geschädigt sind oder wenn die Gesamtkonstitution sehr schwach ist, ist auch der Fersensitz nicht mehr möglich. Sollte das der Fall sein, können Sie vorerst auf einem Stuhl sitzend üben.

Es ist allerdings sehr gut möglich, dass sich die körperliche Verfassung verbessert, wenn man erst einmal einige Monate Falun Gong praktiziert hat und dann auch der Fersensitz oder sogar der schwierige Lotos-Sitz wieder möglich wird.

◄ *Die fünfte Übung »Die hohe Kraft verstärken« wird als einzige der Falun-Gong-Übungen im Sitzen durchgeführt (Abb. 1).*

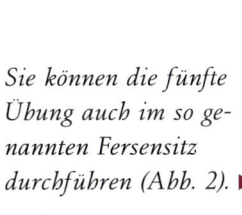

Sie können die fünfte Übung auch im so genannten Fersensitz durchführen (Abb. 2). ►

1. Der Kleine Kreis

Die fünfte Übung wird im Unterschied zu den vorangegangenen im Sitzen durchgeführt. Sie beginnen also, indem Sie den Lotos-Sitz (oder notfalls eine der anderen beschriebenen Meditationshaltungen; Abb.2) einnehmen. Auch hier achten Sie darauf, dass die Wirbelsäule gerade und entspannt ist. Beim Lotos-Sitz ist der untere Rücken ohnehin in der optimalen Stellung. Nehmen Sie das Kinn ein wenig zurück, um auch die Halswirbelsäule in die richtige Position zu bringen. Die Augen sind geschlossen, die Zunge berührt den Gaumen. Führen Sie Ihre Hände zum Kleinen Kreis zusammen. Bei Männern liegt die linke Hand über der rechten, bei Frauen die rechte über der linken (Abb. 1). Spüren Sie, wie Sie von Ruhe erfüllt werden und wie in Ihrem Herzen die Kraft des Mitgefühls wächst.

Gedanken, die auftauchen, nehmen Sie wahr, ohne ihnen anzuhängen – lassen Sie sie, ohne einzugreifen, vorüberziehen. Es ist überhaupt nicht

»Wer auf schnellen Erfolg aus ist, wird nichts Rechtes erreichen; wer auf kleine Vorteile aus ist, wird nichts Großes zustande bringen.« (Konfuzius, »Lun Yü«, XIII, 17).

83

Führen Sie die Hände so weit nach oben, bis sie über dem Scheitel stehen (Abb. 4). ▶

▲ *Beginnen Sie langsam, die Hände nach oben zum Kinn zu führen; dort drehen Sie sie langsam nach außen (Abb. 3).*

»Wenn Güte sich immer nur auf das Gute richtet, ist sie unzureichend. Wenn Bescheidenheit sich ihre Ziele wählt, kann man ihr nicht vertrauen« (Chuangtse, »Innere Lehren«).

nötig, dass Sie sich auf etwas Besonderes konzentrieren, Ihren Atem zählen oder gar Mantras rezitieren. All diese Dinge engen Ihr Bewusstsein ein, was in der Falun-Gong-Meditation nicht erwünscht ist. Sie sollen nicht in Trance gehen oder gar einschlafen, sondern sich im Gegenteil stets vollkommen bewusst sein, wissen, dass Sie hier sitzen und diese Übung machen.

2. Den Kleinen Kreis über den Kopf bewegen

Ohne die Hände aus der Haltung des Kleinen Kreises zu lösen, heben Sie sie langsam und gleichmäßig. Sind die Hände auf der Höhe des Kinns angelangt, beginnen Sie damit, die Handflächen erst nach außen und dann nach oben zu drehen. Die Aufwärtsbewegung setzen Sie ohne Unterbrechung fort (Abb. 3).

Die Bewegung endet, wenn die Hände über dem Scheitel stehen und die Handflächen direkt nach oben weisen (Abb. 4).

Bewegen Sie die Arme nun an die Körperseiten in eine Trichterform (Abb. 5). ▼

◄ *Führen Sie nun die Arme auf einer Kreisbahn um den Kopf nach vorne (Abb. 6).*

Kreuzen Sie die Arme vor der Brust. Jetzt liegt bei Frauen die linke Hand innen, bei Männern die rechte (Abb. 7). ►

3. Die Himmelsenergie aufnehmen

Lösen Sie nun Ihre Hände voneinander, und bewegen Sie sie zur Seite, bis die Unterarme senkrecht zum Boden stehen. Bemühen Sie sich, die Hände so zu drehen, dass die Finger nach außen und ein wenig nach hinten oben weisen. Die Hände sind leicht gegen die Oberseite der Unterarme angewinkelt, so dass sie eine Art Trichter bilden (Abb. 5). Senken Sie die Hände. Dabei drehen sich die Arme auf einer Kreisbahn um den Kopf; die Finger drehen sich dabei nach vorne. Während dieser Bewegung bleiben die Unterarme stets parallel zueinander und senkrecht zum Boden, und die Handflächen weisen weiterhin nach oben (Abb. 6).

4. Die Kräfte bewegen

Bringen Sie nun die Hände in eine Linie mit den Unterarmen, und führen Sie sie nach innen, bis sie sich vor der Brust kreuzen. Bei Frauen liegt die linke Hand innen, bei Männern die rechte (Abb. 7).

»Der edle Mensch stellt an sich selbst Anforderungen, der gewöhnliche Mensch stellt Anforderungen an andere« (Konfuzius, »Lun Yü«, XV, 20).

85

◀ *Bringen Sie nun die Hände in der Aufwärts- und Abwärtsbewegung in eine Linie. Die Handflächen bleiben dabei geöffnet (Abb. 8).*

Wechseln Sie nun die Position der Hände. Beim Wechsel überkreuzen sich die Hände kurz vor der Brust (Abb. 9). ▶

»Wer ohne Begehren ist, wird das Geheime erkennen. Wer voller Begehren ist, dem bleibt Erkenntnis verwehrt« (Laotse, »Tao Te King«, 1).

Die äußere Hand kippen Sie nun vom Körper weg, wobei der Unterarm zunächst in seiner Position bleibt – die Fingerspitzen dieser Hand zeigen nach vorn und die Handfläche nach oben. Drehen Sie die Hand weiter im Handgelenk, bis die Finger nach hinten weisen. Dabei bewegt sich auch der Unterarm, bis er schließlich senkrecht zum Boden steht. Die Finger zeigen nach hinten, die Handfläche nach oben. Gleichzeitig mit der Bewegung der äußeren bewegt sich auch die innere Hand. Zunächst drehen Sie die Hand so, dass die Finger nach außen weisen und die Handfläche nach oben zeigt. Dann bringen Sie den Unterarm allmählich in eine Linie mit dem Oberarm. Ihre Hand liegt nun mit der Handfläche nach oben vor der Mitte des Unterschenkels (Abb. 8). Drehen Sie beide Handflächen nach innen, und wechseln Sie die Positionen der Hände. Die untere Hand hebt sich, die obere senkt sich, die Hände überkreuzen sich vor der Brust und bewegen sich genauso wie oben beschrieben (nur seitenverkehrt) nach oben bzw. unten (Abb. 9). Diese gesamte Bewegungs-

◄ *Wenn Sie die Übung wiederholen, drehen Sie diesmal die Handfläche der oberen Hand nicht ganz nach außen, sondern sie bleibt auf Brusthöhe stehen. Die untere Handfläche bleibt dem Bein zugewandt (Abb. 10).*

Führen Sie auch diese Version noch einmal seitenverkehrt durch (Abb. 11). ►

folge wird nun nochmals wiederholt – jedoch mit einem Unterschied: Nachdem Sie die Hände vor der Brust gekreuzt haben, drehen sich die Finger der äußeren Hand nicht nach hinten, sondern nur bis nach vorn (die Handfläche zeigt auch diesmal nach oben), während die innere Hand sich nach unten bewegt, dabei jedoch die Handfläche nicht nach oben dreht (Abb. 10). Schließlich liegt die untere Hand mit der Handfläche nach unten vor der Mitte des Schienbeins, und die obere Hand steht mit der Handfläche nach oben in Schulterhöhe, wobei die Finger nach vorne weisen. Führen Sie, wenn Sie fertig sind, auch diese Bewegung nochmals seitenverkehrt durch (Abb. 11).

5. Die Kräfte verstärken

Eine Hand steht nun oben, die andere unten. Führen Sie beide Hände zur Körpermitte. Die von oben kommende Hand, die im Handgelenk angewinkelt ist, wird zunächst wieder in eine Linie mit dem Unterarm

»Der edle Mensch ist unbeständig: gut zu den Guten; gut zu den Unguten – so vermehrt er die Güte. Den Treuen vertraut er; den Untreuen vertraut er auch – so vermehrt er das Vertrauen« (Laotse, »Tao Te King«, 49).

◄ Führen Sie jetzt die Arme vor der Körpermitte wieder zusammen. Dabei liegt die von oben kommende Hand auf der Innenseite – bei Frauen also die rechte, bei Männern die linke Hand (Abb. 12).

◄ Mit den Handflächen zum Boden gerichtet bewegen Sie die Arme nun nach außen (Abb. 13).

»Wer hundertfach begehrt, hat hundertfaches Leid. Wer eines begehrt, hat ein Leid. Wer keines begehrt, hat kein Leid« (Buddha).

gebracht, so dass die Handfläche zum Körper weist. Die von unten kommende Hand bewegt sich auf einer Kreisbahn nahe am Körper aufwärts; die Handfläche dieser Hand weist ebenfalls zum Körper (Abb. 12). Schließlich liegen beide Hände vor der Magengrube, und die Unterarme stehen parallel zum Boden. Die von oben gekommene Hand befindet sich an der Innenseite – bei Männern ist es in diesem Fall die rechte, bei Frauen die linke Hand.

Sind die Hände in dieser Position angelangt, drehen Sie die Handflächen jetzt nach unten und bewegen die Hände gleichzeitig nach außen. Die Handflächen bleiben während dieser Bewegung stets parallel zum Boden gerichtet; die Drehung erfolgt ausschließlich im Ellbogengelenk. Die Oberarme bleiben also in ihrer Position (Abb. 13). In dieser Haltung verweilen Sie einige Zeit – so lange es Ihnen irgend möglich ist.

Dann bewegen Sie eine Hand nach vorn und nach unten, die andere nach vorn und oben. Bei Männern ist es die rechte Hand, die nach unten geht,

◄ Beachten Sie bei dieser Übung bitte wieder, dass sie von Frauen und Männern seitenverkehrt durchgeführt wird (Abb. 14).

Wechseln Sie nun die Position der Hände. Führen Sie die Wechselbewegung in Form eines Halbkreises durch (Abb. 15). ►

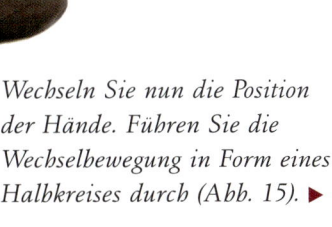

bei Frauen die linke. Die Bewegung sollte wie das Drehen einer großen Kugel sein. Die Handflächen stehen sich also, kurz nachdem die Bewegung begonnen hat, gegenüber. Schließlich steht die obere Hand vor dem Kinn, die untere vor dem Dan-tian. Hände und Unterarme sind parallel zueinander und zum Boden, und die Handflächen weisen zueinander. Verweilen Sie möglichst lange in dieser Haltung (Abb. 14).

Nachdem Sie die Stellung so lange beibehalten haben, wie es Ihnen möglich war, wechseln Sie nun die Positionen der Hände. Die obere Hand beschreibt dabei einen großen Halbkreis nach vorne und unten, während sich die untere gerade vor dem Körper hebt und sich gleichzeitig die Handfläche nach unten dreht (Abb. 15).

Wiederum steht nun eine Hand vor dem Kinn, die andere vor dem Dan-tian, Hände und Unterarme sind parallel zueinander, und die Handflächen weisen zueinander. Genau wie die letzte sollten Sie auch diese Position möglichst lange halten.

»Wenn zwei die Waffen gegeneinander erheben, siegt der, welcher das Leid empfindet« (Laotse, »Tao Te King«, 69).

◄ Führen Sie für die nun folgende Meditation die Hände zusammen vor den Unterbauch (Abb. 16).

◄ Bringen Sie die Hände nun bewusst in die Position des Kleinen Kreises (Abb. 17). Verbleiben Sie, solange Sie können, in der meditativen Haltung.

6. Die Meditation

Nun erst beginnt der wichtigste Teil der Übung: die Meditation. Führen Sie die obere Hand in einer halbkreisförmigen Bewegung nach vorn unten, bis sie vor dem Unterbauch angelangt ist (Abb. 16). Bringen Sie die Hände in die Haltung des Kleinen Kreises (Abb. 17). Denken Sie daran, dass der Kleine Kreis von Männern und Frauen unterschiedlich gebildet wird. Die Finger liegen aneinander, und die Finger der oberen Hand liegen auf denen der unteren; die Daumen berühren sich an den Fingerspitzen. Für die Meditation ist es wichtig, dass die Energie frei fließen kann. Je länger Sie in der Meditation bleiben, desto besser – jedoch mindestens so lange, wie Sie für den bisherigen Teil der Übung aufgewandt haben. Vergessen Sie nicht, daran zu denken, dass die Zunge den Gaumen berührt und dass die Achselhöhlen offen bleiben. Lassen Sie den Kopf nicht fallen, sondern bewahren Sie auch in der Meditation die korrekte Haltung, die für den ungehinderten Energiefluss sorgt. Wichtig

»Auch wenn sich Haarspitzenzerteiler und Himmelsausmesser zusammentun, werden sie nicht die Welt begreifen oder ihren Urgrund erkennen« (Chuangtse, »Innere Lehren«).

Sie beenden die Meditation, indem Sie die Position des Kleinen Kreises auflösen und die Hände entspannt bis etwa auf Kinnhöhe anheben. Die Handflächen weisen dabei zueinander (Abb. 18). ▶

Führen Sie zum Abschluss die Hände zum Buddha-Gruß zusammen. Die Position der Fingerspitzen bleibt dabei unverändert (Abb. 19). ▶

ist, dass Sie sich in der Meditation nicht einfach Tagträumereien oder Alltagsgedanken hingeben, und natürlich dürfen Sie nicht einschlafen, da sonst die Übung logischerweise sinnlos wird. Bleiben Sie sich stets Ihrer selbst bewusst, und finden Sie zur inneren Ruhe, die Sie mit der Kraft der Wahrhaftigkeit, des Mitgefühls und der Nachsicht verbindet.

7. Der Buddha-Gruß

Um die Meditation zu beenden, lösen Sie langsam die Hände, heben sie und entspannen dabei die Handgelenke, so dass die Finger nach unten fallen. Die Handrücken weisen zueinander. Ziehen Sie die Hände vor dem Körper so weit nach oben, bis die Handgelenke ungefähr auf Kinnhöhe sind (Abb. 18). Senken Sie die Handgelenke wieder, lassen Sie jedoch die Fingerspitzen an ihrer Position, und führen Sie die Hände zum Buddha-Gruß zusammen (Abb. 19). Bleiben Sie noch einige Atemzüge in dieser Position, bevor Sie die Augen öffnen und langsam aufstehen.

»Ist das Herz vollkommen, dann erfasst es das höchste Wissen. Ist das Wissen vollkommen, dann erreicht es die höchste Menschlichkeit« (Chuangtse, »Innere Lehren«).

Literatur

Li Hongzhi: Zhuan Falun. Ost-West-Verlag, Bad Pyrmont 1998

Li Hongzhi: Das große Vervollkommnungsgesetz des Falun-Buddha-Gebots. Ost-West-Verlag, Bad Pyrmont 1998

Buddha: Das Hohe Lied der Wahrheit. Dhammapada. Herder, Freiburg 1992

Laotse: Tao Te King – Nach den Seidentexten von Mawangdui. Fischer Taschenbuch, Frankfurt 1995

Schwarz, Aljoscha/Schweppe, Ronald: Tao und Unsterblichkeit. Hugendubel, München 1998

Schwarz, Aljoscha/Schweppe, Ronald: Praxisbuch Tibetische Medizin. Ludwig, München 1999

Xing Shu: Das Chinesische Horoskop. mvg, München 1996

Xing Shu: I Ging. Ludwig, München 1998

Über den Autor

Xing Shu, 1943 in Beijing (Peking) geboren, studierte die chinesische und die westliche Medizin. Sein Großvater lehrte ihn die Geheimnisse taoistischer und buddhistischer Übungen, des Qi Gong, Tai Chi Chuan, des »I Ging« und der chinesischen Astrologie. Nach dem Tod seines Großvaters wanderte Xing Shu 1979 in die USA aus. Heute lebt er als Arzt und Buchautor in San Francisco.

Hinweis

Das vorliegende Buch ist sorgfältig erarbeitet worden. Dennoch erfolgen alle Angaben ohne Gewähr. Weder Autor noch Verlag können für eventuelle Schäden, die aus den im Buch gemachten Hinweisen resultieren, eine Haftung übernehmen.

Bildnachweis

Alle Bilder stammen von Susanne Kracke, München (Haare und Make up: Brigitte Bechtel, München), außer:
AKG, Berlin: Titel / Fond, 18, 45, 49; Fotoarchiv, Essen: Titel / Einklinker, Nachsatz (Russell Gordon), 15 (Andreas Riedmiller), 21 (Martin Sasse), 41 (Jörn Sackermann); Küstenmacher Marion und Werner: 22; Mauritius, Mittenwald: 37 (Phototheque SDP), 47 (Age Fotostock), 51 (Ripp); Tony Stone, München: Vorsatz, 4, 32 (Keren Su), 9 (N.N.); Visum, Hamburg: 28 (Michael Wolf); südwest-Verlag, München: 13 (S. Sperl)

Impressum

© 2000 W. Ludwig Buchverlag, München, in der Econ Ullstein List Verlag GmbH & Co.KG, München

Alle Rechte vorbehalten.

Nachdruck – auch auszugsweise – nur mit Genehmigung des Verlags.

Redaktion
Claus Evers

Projektleitung
Berit Hoffmann

Redaktionsleitung
Dr. Reinhard Pietsch

Bildredaktion
Gabriele Feld

Umschlag
Till Eiden

DTP-Produktion
Veronika Moga, München

Produktion
Manfred Metzger (Leitung), Annette Aatz, Dr. Erika Weigele-Ismael

Druck
Weber Offset, München

Bindung
R. Oldenbourg, München

Gedruckt auf chlor- und säurearmem Papier

Printed in Germany

ISBN 3-7787-3881-X

Register